农村科技创业的主体分析与机制研究

刘冬梅　许竹青　傅晋华　王伟楠　李　强　编著

·北京·

图书在版编目（CIP）数据

农村科技创业的主体分析与机制研究 / 刘冬梅等编著 —北京：科学技术文献出版社，2017.3（2018.3重印）
ISBN 978-7-5189-2521-6

Ⅰ.①农… Ⅱ.①刘… Ⅲ.①农业科技推广—研究—中国 Ⅳ.① F324.3

中国版本图书馆 CIP 数据核字（2017）第 069459 号

农村科技创业的主体分析与机制研究

策划编辑：李 蕊　责任编辑：李 晴　责任校对：张吲哚　责任出版：张志平

出　版　者	科学技术文献出版社
地　　　址	北京市复兴路15号　邮编 100038
编　务　部	（010）58882938，58882087（传真）
发　行　部	（010）58882868，58882874（传真）
邮　购　部	（010）58882873
官 方 网 址	www.stdp.com.cn
发　行　者	科学技术文献出版社发行　全国各地新华书店经销
印　刷　者	虎彩印艺股份有限公司
版　　　次	2017年3月第1版　2018年3月第2次印刷
开　　　本	710×1000　1/16
字　　　数	147千
印　　　张	11.25
书　　　号	ISBN 978-7-5189-2521-6
定　　　价	36.00元

版权所有　违法必究

购买本社图书，凡字迹不清、缺页、倒页、脱页者，本社发行部负责调换本书是2015年度科技部科技创新战略研究专项"新型城镇化背景下的农村科技创业机制研究"的研究成果。

课题组成员名单

组　　长

　　刘冬梅　　中国科学技术发展战略研究院副院长、研究员

　　王书华　　中国科学技术发展战略研究院农村与区域科技发展研究所
　　　　　　　所长、研究员

主要成员

　　许竹青　　中国科学技术发展战略研究院副研究员

　　傅晋华　　中国科学技术发展战略研究院副研究员

　　李　强　　中国科学技术发展战略研究院副研究员

　　郭　强　　中北大学经济与管理学院讲师

　　王伟楠　　中国科学技术发展战略研究院研究实习员

　　巨文忠　　中国科学技术发展战略研究院研究员

　　龙开元　　中国科学技术发展战略研究院研究员

　　毕亮亮　　中国科学技术发展战略研究院副研究员

　　胡熳华　　中国农村技术开发中心副研究员

前　言

落实创新驱动发展战略、全面深化科技体制改革的中心任务是促进科技与经济的紧密结合。农村科技创业是通过创业的方式把科技要素注入农村生产经营中，是推进科技与农村经济紧密结合的重要途径，是落实大众创业、万众创新的必然举措，对破解城乡二元结构，实现农村经济社会全面、协调、可持续发展具有重要意义。

在新型城镇化背景下，当前农村科技创业的形势与内涵发生了巨大改变。从创业主体来看，农村科技创业主体多元化趋势明显，由以往的返乡农民工和乡土人才，逐步扩展到了兼具科学素养和技术专长的科技特派员、科技型农业企业等。截至2015年年底，我国已有70多万人的科技特派员队伍下乡创新创业。2014年，全国农业科技园区引进培育企业总数7445家，其中，高新技术企业371家，农业科技创新型企业588家，农业科技创新型企业逐渐成为我国农村科技创业的重要力量。从创业环境来看，随着云计算、物联网、移动互联网、大数据等一系列的技术创新及"信息进村入户"的发展，互联网极大地改变了农村科技创业的环境，也有效地拓展了农村科技创业的范畴。创业主体与创业环境的升级，改变了传统农村科技创业的机制，对推动农村科技创新创业提出了新的要求。

本书在深入分析科技特派员、农业科技型企业这两类农村科技创业主体的发展现状、突出问题的基础上，研究了在互联网背景下的农村科技创业的表现形式及发展趋势，并以贫困地区为重点深入分析了贫困地区农村科技创业的运作机制。同时，本书对当前推动农村科技创业的重要平台——星创天地进行了详细介绍，并分析了农村科技创业政策的特点及问题，提出了相关政策建议。本书各章内容安排如下。

第1章从全国"双创"的角度对农村科技创业的地位、特点进行了深入分析，并对本书的主要内容和创新点进行了介绍。第2章重点分析了近年来与农村科技创业相关的文献，从创业主体、影响因素等角度分析了现有文献的主要观点，并对其进行了评述。第3章对科技特派员进行了重点研究。从理论层面分析了科技特派员农村科技创业机制，提出"外生"式与"内生"式两类典型的创业运行机制，并结合实际调研情况，总结了当前科技特派员农村科技创业的主要做法与经验。第4章主要研究了以企业作为组织形式的农业科技创业，指出当前农业科技型创业企业在信息化创业的广度与深度、政府扶持手段与方式及金融工具创新方面，还值得进一步完善与发展。第5章结合典型案例，研究了"互联网+"农村科技创业的典型模式与做法。从内、外部因素分析了"互联网+"农村科技创业的运行机制和面临的主要问题。第6章对贫困地区的农村科技创业机制进行了重点研究。从包容性视角探讨了贫困地区农村科技创业的主要内涵，并在此基础上分析了贫困地区农村科技创业的主要机制。第7章重点研究了政府在农村科技创业中所扮演的角色及相关政策问题。总结近年来我国推动农村科技创业的主要政策措施，并以星创天地的发展为典型案例，分析总结了政府在推动农村科技创业中的主要作用，提出下一步政策完善的主要方向和内容，为新时期进一步推动农村科技创业提供决策依据与参考。

本书旨在系统介绍我国当前农村科技创业的基本情况和政策特点，愿本书的出版能够给广大读者在认识农村科技创业的现状及趋势、思考农村科技创业的政策方向等方面带来启发和帮助。当然，关于农村科技创业，需要继续研究的内容还有很多，在未来的研究中，将继续关注这一领域的

前言

基层实践，努力推动理论进展。

本书在写作过程中，得到了科技部农村司、中国农村技术开发中心、地方科技部门及相关调研企业的大力支持。在此，对这些部门在书稿形成过程中所提供的宝贵资料和意见表示由衷的感谢。

编著者

2017 年 3 月

目 录

1 绪论：从农村"双创"看农村科技创业 …………………………………… 1
   1.1 当前农村"双创"现状特征及发展趋势 ………………………………… 1
      1.1.1 现状特征 ………………………………………………………… 1
      1.1.2 发展趋势 ………………………………………………………… 2
   1.2 农村"双创"背景下关于农村科技创业的几点思考 …………………… 4
   1.3 创新之处与主要研究内容 ………………………………………………… 5

2 相关研究分析 ………………………………………………………………… 8
   2.1 关于农村科技创业主体的研究 …………………………………………… 8
      2.1.1 科技特派员 ……………………………………………………… 8
      2.1.2 返乡农民工 …………………………………………………… 10
      2.1.3 大学生 ………………………………………………………… 11
   2.2 关于农村科技创业的影响因素研究 …………………………………… 12
      2.2.1 政策对农村科技创业的影响 ………………………………… 12
      2.2.2 信息技术对农村科技创业的影响 …………………………… 13
      2.2.3 孵化器对农村科技创业的影响 ……………………………… 14
   2.3 简要评述 ………………………………………………………………… 14

3 我国农村科技创业主体研究：科技特派员 ………………………… 16
3.1 新时期科技特派员制度成为我国农村科技创业的重要制度创新 ……… 16
3.2 科技特派员群体是我国农村科技创业的核心主体 ………………………… 17
3.2.1 科技特派员农村科技创业的创业主体类型划分 ………………… 18
3.2.2 从城市到农村："外生"式科技特派员下乡创业机制分析 ……… 19
3.2.3 从农村到农村："内生"式科技特派员返乡创业机制分析 ……… 21
3.3 当前我国科技特派员农村科技创业的典型做法与主要经验 ……………… 21
3.3.1 科技特派员农村创新创业活动与地方优势特色产业紧密结合 …… 22
3.3.2 "推—拉"机制创新科技特派员创业激励保障机制 …………… 23
3.3.3 科技特派员农村科技创业模式不断创新 ………………………… 25
3.3.4 科技特派员制度通过创业扶贫实现精准扶贫 …………………… 27
3.3.5 围绕科技特派员制度构建新型农村科技服务体系 ……………… 28
3.4 当前科技特派员农村科技创业中存在的主要问题 ………………………… 29
3.4.1 科技特派员创业主体自身创业能力不足 ………………………… 30
3.4.2 科技特派员农村科技创业激励机制仍有待完善 ………………… 30
3.4.3 科技特派员农村科技创业在和农民建立利益共同体方面仍然不足 ……………………………………………………………… 31
3.4.4 科技特派员农村科技创业政策落实上还存在不少问题 ………… 31
3.5 新时期进一步推动科技特派员制度发展的对策建议 ……………………… 33
3.5.1 积极推动科技特派员农村科技创业与国家农村"双创"政策紧密相连 ……………………………………………………………… 33
3.5.2 加强对科技特派员农村科技创业的财政金融支持 ……………… 34
3.5.3 进一步采取措施促进科技特派员与服务对象建立更加稳定的"利益共享，风险共担"机制 ……………………………………… 34
3.5.4 进一步壮大科技特派员队伍并引导提升其创业能力 …………… 34

目录

4 农村科技创业主体研究：科技型农业企业创业的现状与问题 ……… 36
4.1 传统类型的农村企业创业及其问题 ……………………………… 37
4.2 科技型农业农村企业的创业与发展 ……………………………… 39
4.2.1 农业高新技术与科技型农业企业 …………………………… 39
4.2.2 科技型农业企业的类型 ……………………………………… 40
4.2.3 科技型农业企业的特点 ……………………………………… 41
4.2.4 科技型农业企业的来源 ……………………………………… 41
4.2.5 科技型农业企业的风险特征 ………………………………… 43
4.3 信息化背景下的农村科技创业 …………………………………… 44
4.3.1 我国"互联网+"农村创业 ………………………………… 44
4.3.2 美国农业信息化创业 ………………………………………… 45
4.4 农村科技型企业创业的金融环境 ………………………………… 47
4.4.1 农村科技创业亟须金融支持 ………………………………… 47
4.4.2 支持农业创业的多层次资本市场 …………………………… 49
4.5 农村科技型企业创业的政策支持 ………………………………… 51
4.5.1 农业科技园的建设发展情况 ………………………………… 52
4.5.2 创业引导基金与创新创业大赛 ……………………………… 53
4.6 城镇化背景下农村科技型企业创业的问题与对策 ……………… 53
4.6.1 农村科技创业在发展中存在的问题 ………………………… 54
4.6.2 支持农村科技创业发展的政策手段 ………………………… 55

5 "互联网+"农村科技创业现状及运作机制研究 ………………… 57
5.1 互联网背景下农村科技创业的总体现状 ………………………… 57
5.1.1 生产领域的"互联网+"农村科技创业 …………………… 57

  5.1.2 流通领域的"互联网+"农村科技创业 …………………… 62
  5.1.3 涉农交易领域的"互联网+"农村科技创业 ………………… 66
  5.1.4 服务领域的"互联网+"农村科技创业 …………………… 70
 5.2 互联网背景下农村科技创业的典型案例——农业品牌服务创业 ……… 73
  5.2.1 加强农业品牌化建设是农业供给侧结构性改革的内在要求 …… 73
  5.2.2 "互联网+"精准助力大国小农走向农业品牌化 ……………… 74
  5.2.3 品牌化是互联网背景下国民消费的核心诉求 ………………… 76
  5.2.4 发挥市场作用，支持农业品牌化服务创新创业是当务之急 …… 76
  5.2.5 "八戒农业"的农业品牌化服务模式 …………………………… 77
  5.2.6 启示与建议 …………………………………………………… 81
 5.3 "互联网+"农村科技创业的运作机制研究 ………………………… 83
  5.3.1 外部因素 ……………………………………………………… 83
  5.3.2 内部因素 ……………………………………………………… 88
  5.3.3 "互联网+"农村科技创业要素作用机制 ……………………… 94
 5.4 我国"互联网+"农村科技创业面临的挑战 ………………………… 96
  5.4.1 农产品商品运输成本仍然过高 ………………………………… 96
  5.4.2 农产品标准化、品牌化发展滞后 ……………………………… 96
  5.4.3 流通领域"互联网+"农村科技创业基本形成寡头市场格局 … 97
  5.4.4 个体农民"互联网+"农村科技创业获利困难 ………………… 97
  5.4.5 围绕生产性服务业开展的"互联网+"农村科技创业仍需
    大力支持 ……………………………………………………… 97
 5.5 启示与建议 ……………………………………………………………… 98
  5.5.1 从基础设施角度，创新政府供给 ……………………………… 99
  5.5.2 从财政金融角度，创造政策环境 ……………………………… 99
  5.5.3 依托"星创天地"，打造新型创业服务平台 …………………… 99

5.5.4 依托新型农村科技创业服务体系开展培训，提高农民信息利用能力……100

6 贫困地区科技创业机制研究……101

6.1 引言……101
6.2 国内外研究综述……103
6.3 贫困地区科技创业的概念框架……104
6.3.1 贫困地区包容性科技创业的理念……104
6.3.2 贫困地区科技创业的特征……105
6.3.3 对贫困地区科技创业的定义……107
6.3.4 包容性视角下贫困地区科技创业机制构建的原则……108
6.4 贫困地区科技创业机制研究……109
6.4.1 贫困地区科技创业系统……109
6.4.2 贫困地区科技创业机制……114
6.4.3 小结……119
6.5 典型案例研究……119
6.5.1 宁夏科技特派员创业案例……120
6.5.2 "龚康辣椒王"创业案例……128
6.6 贫困地区科技创业的政策支持研究……134
6.6.1 积极探索有利于农村科技创业的体制机制创新……134
6.6.2 开展产业链金融创新，解决农村创业者融资难问题……134
6.6.3 协调有关部门出台推动农村科技创业的支持政策……134
6.6.4 加强人力资本投资，提高贫困地区的自我开发能力……134
6.6.5 实施贫困地区科技创业促进政策……135
6.6.6 创造良好的科技环境……136

6.6.7 创新科技创业资源的配置机制 …………………………………… 136

7 政府支持农村科技创业的政策特点及问题分析 …………………… 138
7.1 背景及意义 ………………………………………………………… 138
7.1.1 支持农村科技创业，可以为发展现代农业注入新要素，助推农业强起来 …………………………………………………… 138
7.1.2 支持农村科技创业，可以为增加农民收入开辟新渠道，助推农民富起来 …………………………………………………… 138
7.1.3 支持农村科技创业，可以为建设社会主义新农村构建新模式，助推农村美起来 ………………………………………………… 139
7.2 农村科技创新创业的政策梳理及特点归纳 ……………………… 139
7.2.1 政策制定的顶层化 ……………………………………………… 140
7.2.2 政策出台的联动化 ……………………………………………… 142
7.2.3 覆盖对象的多元化 ……………………………………………… 146
7.2.4 支持方式的多样化 ……………………………………………… 147
7.3 政府推动农村创新创业的典型案例研究——星创天地 ………… 147
7.3.1 星创天地的背景 ………………………………………………… 147
7.3.2 星创天地的重要意义 …………………………………………… 148
7.3.3 星创天地的内涵及做法 ………………………………………… 150
7.3.4 星创天地的发展现状 …………………………………………… 151
7.3.5 案例——四川省星创天地 ……………………………………… 153
7.4 我国农村科技创业政策存在的主要问题 ………………………… 155
7.4.1 政府直接参与市场行为严重，市场化不足 …………………… 155
7.4.2 可操作性差 ……………………………………………………… 155
7.4.3 政策存在缺失 …………………………………………………… 156

7.4.4　农民创业技能的培训不足与不适用 …………………… 156
　　7.4.5　缺乏典型经验和成果案例的宣传引导 …………………… 157
7.5　**对策建议** …………………………………………………… 157
　　7.5.1　抓好已有政策落实 ………………………………………… 158
　　7.5.2　明确政府市场边界 ………………………………………… 158
　　7.5.3　弥补现有政策空白 ………………………………………… 159
　　7.5.4　建立农村科技创业领头人制度 …………………………… 160

参考文献 …………………………………………………………… 161

1 绪论：从农村"双创"看农村科技创业

推进大众创业、万众创新，是培育和催生经济社会发展新动力的必然选择，是扩大就业、实现富民之路的根本举措，是激发全社会创新潜能和创业活力的有效途径。从历史角度看，改革开放以来，我国已经经历了3次比较明显的创新创业高潮，而第1次就是20世纪80年代初期以农民创办的乡镇企业为特征的农村创业。当前，在大众创业、万众创新背景下，我国农村"双创"活动开展得如火如荼。截至2015年年底，我国已有70多万人的科技特派员下乡创新创业，同时近年来农民工返乡创业人数累计已经超过450万。和之前的农村创业潮相比，近年来农村"双创"呈现出和以往农村创业明显不同的发展特征与趋势。作为国家"双创"的重要组成部分，农村"双创"正逐渐成为我国农村经济社会转型升级发展的新引擎。

1.1 当前农村"双创"现状特征及发展趋势

1.1.1 现状特征

近年来，我国农村"双创"呈现出"三化"发展特征。

第一，"双创"主体结构的多元化。和以往农村创业相比，本轮农村"双创"在参与主体上呈现出显著的多元化特征。地方农村能人是早期农村创业的主要创业群体，他们的创业行为被很多学者称为"草根创业"。当前，农村"双创"的参与主体已不再限于农民本身，越来越多不同身份背景的创业者投身农村、投资农业，逐渐形成了一个结构多元化的农村创新创业群体。在这一群体中，既有当地农民、返乡农民工等农村居民，也有科技特派员、大学生村官等城市知识"精英"，近年来还涌现出许多通过"互联网+"

的方式在现代农业领域开展创新创业的"新农人"。参与主体结构的多元化特征在一定程度上反映出当前农村"双创"不仅仅对农民就业有帮助，而且是一项吸引人才的事业。创新创业人才的集聚将能够有效地促进农村经济的转型升级。

第二，"双创"模式的"互联网+"化。本次国家"双创"与前几次创业大潮相比，最大的特点是以"互联网+"为主要创业模式，主要表现为初创企业大都集中在"互联网+"领域，许多企业的创新活动也都是基于互联网而展开的。据统计显示，2015年信息传输、软件和信息技术服务业新登记企业增速达到63.9%，"互联网+"领域吸引了全国超过50%的创业投资资金、70%的天使投资资金。在"互联网+"创业大潮影响下，农村"双创"的"互联网+"程度并不比城市逊色。以淘宝村为代表的农村电子商务产业为例，截至2015年年底，全国共发现780个淘宝村，广泛分布于17个省（区、市），"村"内活跃网店超过20万家。据不完全统计，2015年全年网店销售总额超过1亿元的淘宝村超过30个，销售额介于1000万～3000万元的淘宝村占比超过60%。

第三，"双创"导向的绿色化。"绿色"是十八届五中全会提出的发展新理念之一，2016年中央一号文件也做出了"推动农业绿色发展"的战略部署。事实上，近年来农村"双创"在创业导向上表现出明显的绿色化特征。以新农人主体为例，他们在创新创业中非常关注食品安全和生态环境保护。和更多希望从投资农业中获利的投资者不同，新农人是坚持发展生态农业并自觉维护生态和谐、以生产和流通安全食品为己任的农业从业者。他们通过将生态农业种植养殖技术、水质土壤改良技术等新技术应用于农业生产，构建应用现代化食品安全溯源系统，致力于为消费者提供安全放心的农产品，推动农村生态环境保护，实现现代农业的可持续发展。

1.1.2 发展趋势

作为国家"双创"的重要组成部分，农村"双创"未来将呈现出如下发展趋势。

首先,"城归"力量将为农村"双创"提供重要的人力资本。所谓"城归",是与城市"海归"相类似的概念,特指返乡工作生活的农民工。"城归"力量对农村有着特殊的感情,他们因各种原因回到家乡,带回了在城市工作期间所掌握的技术、积累的人脉,更为重要的是他们具有了更为开阔的眼界。"城归"人员自身所具备的资源正是推进农村"双创"所亟须的,如果能够很好地引导"城归"力量结合区域特色开展创新创业,将有助于农村"双创"事业的发展。中央已经意识到这一点,2015年6月国务院专门印发了《关于支持农民工等人员返乡创业的意见》。从实践发展来看,有关统计显示,截至2014年年底,全国返乡创业的农民工已达200万人左右。"城归"主体返乡创业就业不仅带动了地方农村经济的发展,同时能够有效地解决农村"空心化"及留守儿童、留守老人等农村社会问题。

其次,农村居民消费能力的提升和消费方式的转变将会为农村"双创"提供大量的市场机会。国家统计局数据显示,2011—2014年,我国农村居民人均可支配收入年均增长率达到10.1%,比城镇居民收入增长高出2.2个百分点。收入的增长促进了农村居民消费能力的提升。同时,网络消费近年来在全国农村快速兴起。据阿里研究院报告,2014年县域比城市的网购消费额同比增速快18个百分点,且农村消费产品以大家电、手机、家具等为主,农村地区逐渐成为消费特别是网络消费的"蓝海"。上述农村消费市场趋势的变化带动了农村地区的创业活动,特别是基于互联网的农村创业。淘宝村彰显了农民"草根创业"的力量,而一些大型电商企业也在积极布局农村市场,开展"二次创业"。例如,2014年阿里巴巴提出开展"农村淘宝"项目,计划在3~5年内投资100亿元,建立1000个农村电商县级服务中心和10万个农村服务站。截至2015年年底,农村淘宝已经在全国22个省202个县落地,约占全国县(包括县级市)总数的10.3%,并建立起了9278个村级服务站。

最后,农村"双创"与新型城镇化将呈现良性互动发展的趋势。和以往的城镇化模式相比,新型城镇化强调"人的城镇化",核心是创造和稳定就业。本轮农村"双创"在吸引劳动力回流,甚至是外来人口到农村创业、就业方面表现很"抢眼"。例如,2014年成为中国首批"淘宝镇"的河北省白沟新城,通过电商创业形成了一条从生产到网销的箱包产业链条,拥有加工企业3000家、网店15 000家、快递公司21家,吸引了众多外来人口来此创业、就业,全镇16万常住人口中有11万是外来人口,外来人口占到了2/3。人口的集聚为服务业的发展带来了大量市场机会,并进一步激发了本地生活服务和公共服务的发展与创新。从产业发展到农村生活服务提高,再到公共服务配套完善,由农村"双创"引发的"产—城"良性互动循环将为新型城镇化提供基础动力和可以复制推广的有益模式。

1.2 农村"双创"背景下关于农村科技创业的几点思考

农村科技创业是农村"双创"的一种典型模式。和其他类型的农村创业相比,农村科技创业更强调把技术、知识、信息等现代生产要素引入农村,更突出农村创业中的创新性,更着眼于通过创新带动农村传统产业转型升级和创造各类农村新业态。

在当前农村"双创"背景下,上述农村科技创业的内涵与特征反映出了新时期农村创新创业的特点与趋势。

首先,从创业主体看,当前从事农村科技创业的创业主体构成正是农村"双创"主体结构多元化的主要动因。由于农村科技创业对技术创新的要求较高,对创业主体自身素质的要求较高,因此,传统意义上的农民创业者无法有效构成农村科技创业主体。而从当前实际情况看,农村科技创业的创业主体主要是那些外来的下乡创业者,包括科技特派员、大学生村官及新农人等群体。一方面这些下乡创业者丰富了农村创业队伍的构成,另一方面由于他们自身拥有的知识和技能水平较高,从事创业事业中的创新性较强,在一定程度上比传统农村创业对农村经济转型升级的贡献更大。

其次,从创业运行机制看,"互联网+"等现代网络和信息技术在农村科技创业中的广泛运用正使得农村创新创业"互联网+"化。和传统农村创业及之前出现的各类农村科技创业模式相比,当前农村科技创业的"互联

▲ 1 绪论:从农村"双创"看农村科技创业 ▲

网+"倾向非常显著。返乡创业农民工使用淘宝网等电子商务平台的网络创业创造了蓬勃发展的"淘宝村"奇迹,而新农人创业则更多地反映出当前农村科技创业的"互联网+"特征。这些新农人创业者数量众多、来源广泛,据阿里研究院的数据估算,仅在阿里零售平台上的新农人数量就已突破100万人。他们创新创业的"利器"是微博、微信、第三方电商平台等互联网工具。通过微博、微信等互联网新媒体,新农人利用微营销打造农产品新品牌,极大地提升了农产品附加值;以淘宝网等第三电子商务平台作为主要经营平台,新农人获得了低门槛的创业渠道,具备了直接对接市场的能力。

再次,从创业行业与地区选择看,当前农村科技创业更注重绿色发展和扶贫效应,这与农村"双创"的发展特征和趋势也是吻合的。特别在科技创业扶贫方面,各地探索出了不同模式的农村科技创业扶贫机制,以创业扶贫促进精准扶贫、以创业带动扶贫地区产业发展和就业扩大,促进了贫困地区经济社会的全面发展。

最后,从创业政策看,当前农村科技创业的政府支持力度达到了前所未有的高度。从国家战略看,"双创"是促进经济转型升级发展的新动能,而农村"双创"在促进农业农村经济转型升级发展中已经做出了较大贡献,并在近年来获得了从中央到地方各级政府政策的广泛支持。对于农村科技创业来说,2016年5月,国务院办公厅下发《关于深入推行科技特派员制度的若干意见》(国办发〔2016〕32号),为新时期进一步推动科技特派员农村科技创业指明了方向,这也充分表明,政府对当前农村科技创业已经给予了非常大的支持,农村科技创业面临一个较好的政策环境。

1.3 创新之处与主要研究内容

结合当前农村科技创业发展实际情况与面临的主要问题,本书将针对新形势下农村科技创业机制开展相应的理论与实证研究。区别于以往研究,在选择研究角度时,重点考虑了当前农村科技创业亟待研究解决的一些重点问题。例如，第一，新形势下农村科技创业的创业主体是谁，他们开展创业的模式与主要做法如何，以及他们在创业中面临怎样的问题，需要政府政策如何支持；第二，当前我国农业科技企业是如何开展农村科技创业的，有哪些具体做法和典型模式；第三，"互联网+"背景下农村科技创业现状和发展特征如何，有怎样的不同于以往的运行模式；第四，当前农村科技创业的扶贫效果如何，有哪些典型模式和主要做法，面临怎样的问题及需要政策如何完善；第五，政府在农村科技创业过程中扮演了怎样的角色及新时期推动农村科技创业的政策措施如何完善与制定；等等。围绕上述重点问题，本书开展了详细深入的理论与实证研究。具体来看，本书除绪论和相关文献分析这两章外主要包括如下5个章节，其研究内容概要如下。

第3章主要针对新时期农村科技创业主体问题开展研究。考虑到2016年国务院办公厅出台了《关于深入推行科技特派员制度的若干意见》，把科技特派员制度作为今后农村科技创业的重点制度之一，因此，主要针对科技特派员创业主体开展，从理论层面分析了科技特派员农村科技创业机制，提出"外生"式与"内生"式两类典型的创业运行机制，在此基础上结合实际调研情况，分别从特色产业发展、创业激励机制、创业模式创新、创业扶贫及新型农村科技创业体系构建5个方面总结了当前科技特派员农村科技创业的主要做法与经验。此外，本章还重点分析了当前科技特派员农村科技创业面临的主要问题，并提出了相应的对策建议。

第4章主要研究了以企业作为组织形式的农业科技创业。稳定而保守的农村社会文化环境对外来创业者形成了挑战，科技要素的引入能够帮助创业者克服社会资本的不足。我国科技型农业企业过去多来自转制科研院所或发展较好的农村集体企业。在"双创"背景下越来越多的新建企业依托农业高新技术开展创业活动。政府通过建立农业科技园以集群化方式促进科技型农业企业更好地成长与发展。多层次资本市场的发展也为科技型农业企业提供了多样化的融资手段。不过在信息化创业的广度与深度、政府扶持手段与方式及金融工具创新方面，还值得进一步完善与发展。

第5章主要研究了"互联网+"农村科技创业的典型模式与做法。从生产领域、流通领域、涉农交易领域和服务领域等方面分别研究了"互联网+"农村科技创业的现状，在此基础上重点以农业品牌服务创业为典型案例研究了"互联网+"农村科技创业的典型模式，并从内、外部因素分析了"互联网+"农村科技创业的运行机制和面临的主要问题，在此基础上提出相关对策建议。

第6章研究的主要问题是贫困地区的农村科技创业机制。从包容性视角探讨了贫困地区农村科技创业的主要内涵，并在此基础上分析了贫困地区农村科技创业的主要机制。通过实地调研，重点围绕宁夏科技特派员创业和"龚康辣椒王"两个典型贫困地区科技创业案例进行了研究，在此基础上从金融创新、人力资本投资、创业环境构建等方面提出了新时期促进贫困地区农村科技创业开展的一系列政策建议。

第7章重点研究了政府在农村科技创业中所扮演的角色及相关政策问题。本章首先从理论层面分析了政府与创业的关系，总结了近年来我国推动农村科技创业的主要政策措施，并以星创天地的发展为典型案例分析总结了政府在推动农村科技创业中的主要作用，在此基础上分析了现有政策中存在的主要问题，提出下一步政策完善的主要方向和内容，为新时期进一步推动农村科技创业提供决策依据与参考。

2 相关研究分析

近些年，在大众创业、万众创新的引领下，大批农民工、大学生、退役士兵、科技特派员等返乡下乡创新创业，既为解决当前就业矛盾提供了新办法，又为农村长远发展注入了新动能。农村科技创业具备创业的一般特征，但也有其自身的特点，研究其创业特点和影响具有非常重要的意义。

2.1 关于农村科技创业主体的研究

创业主体是创业活动的策划者、推动者、组织者和执行者。在创业活动中，创业主体具有高度能动性，能够适应市场环境变化需求，通过有效的资源配置整合，创造新产品、培育新市场、发展新产业。农村科技创业从主体上讲，有"外生"和"内生"之分。"外生"是指具备一定技术和资本的创业者，通过科技成果转移转化或整合大量社会资源的一种自上而下创业模式，这类创业的代表主要为科技特派员；"内生"是指利用已有资本和市场条件变化的一种自下而上的创业模式，这类创业的代表为乡土人才和返乡农民工。

2.1.1 科技特派员

科技特派员创业行为是随着科技特派员制度而产生的，是科技特派员制度落地生根的有效途径。目前，针对科技特派员创业的研究主要集中在制度研究和创业模式两个方面。

关于科技特派员制度的内涵和特征。刘冬梅（2008）基于制度创新的角度，认为科技特派员制度是由科技管理部门牵头，以科技为切入点，解决我国农村科技服务供给不足、"三农"问题严重的一项制度创新。丁自立、焦春海等（2009）基于科技特派员制度的实质和目的的视角，科技特派员依靠知识，将科技、资金、信息、管理等现代生产要素引入农村，而自身则深入农村，按照利益共享与风险共担的原则与农民及相关农业经济组织组建利益共同体，开展科技服务与科技创业的一种制度安排与改革图[①]。李芸、夏英、张伟宾（2013）研究发现，纵观各地科技特派员的创业实践，科技特派员创业行为具有如下几个显著特征：科技特派员的主体由政府科技部门公务员、农业技术推广中心等事业单位工作人员、涉农高校科研院所人员、大学生村官等构成；创业动因是政府推动、市场利益和农民需求的结合；创业主体是由科技特派员与农户、企业、农业科技示范园区等组成公司、农民专业合作社、合作经济组织等多种利益共同体；创业结果不仅看重经济效益，更看重社会效益、生态效益。[②]

关于科技特派员创业模式。王正义（2009）提出了创业和服务的关系，认为大多数科技特派员是具有创业意愿的，只是鉴于能力和条件的限制，采取创业比例较小，大多从服务开始，待条件成熟后，逐步走向创业，创业和服务不是对立的，是可以转化的。丁自立（2010）对科技特派员创业链的概念进行了阐述，认为科技特派员创业链就是科技特派员围绕当地优势特色农业产业，在农业产业链的关键环节或瓶颈节点实施创业行为的现代农业产业链，并指出科技特派员创业链具有利益共同体、资源优化配置和系统性3个运行特征。[③] 傅晋华、王雅利（2012）指出，科技特派员农村科技创业主要包括，"外生"式和"内生"式两大类型。"外生"式科技特派员农村科技创业机制表现出科技创业与科技服务并存的总体特征。在一

[①] 丁自立，焦春海，郭英，等.科技特派员制度的功能及特征[J].中国农学通报，2009，25（9）：305-306.

[②] 李芸、夏英、张伟宾.科技特派员农村创业行为评价探讨[J].农业经济问题，2013（4）：88-94.

[③] 丁自立.培育科技特派员创业链[J].中国农村科技，2010（1）：42-43.

些机制模式中，科技特派员是创业主角，他们通过创办企业或者开展技术承包，直接进入创业过程，作为主要创业者带领创业团队和农民结成各种形式的利益共同体，一起发展地方优势特色产业；而在另外一些机制模式中，科技特派员以技术参股、有偿技术服务或者无偿技术服务等形式进入其他创业者的创业过程中，作为创业团队的一分子参与创业，主要还是承担提供科技服务的任务。和"外生"式科技特派员相比，"土专家""田秀才"等各种农村能人是"内生"式科技特派员农村科技创业的代表。[①]

2.1.2 返乡农民工

农民工返乡创新创业，是破解我国当前城市发展与农村发展双重难题的有效途径，是推进大众创业、万众创新，打开城乡统筹协调发展新局面，促就业、增收入，助推精准扶贫和全面建成小康社会的重要保障。2015年全国返乡创业农民工人数达到242万人，共创办26.07万家小微企业。目前，针对农民工返乡创业的研究主要集中在创业缘由、创业效益和创业影响3个方面。

关于创业缘由。王西玉等（2003）研究证实了打工是创业的前提，没有外出打工就没有返乡创业，打工的经历影响着创业行为，而物质资本和人力资本的积累，包括资金、技术、信息、阅历、企业家精神等，则是返乡创业的决定因素。在实践过程中具体表现为，自身的人力资本的提升、带回的工资、带回市场信息或销售渠道等。张明林等（2009）认为，农民工在"打工"过程中积累了经济资本、人力资本和社会资本等，为其创业做好了准备。从返乡农民工所具备的创业资本角度来看，虽然在大都市中，农民工所获得的现代性很难发挥作用，甚至连适应现代城市生活都有着一定的困难，而返回乡村后，由于众多因素的影响，获得的现代性则成了创业的资本。

---

① 傅晋华，王雅利. 我国科技特派员农村科技创业机制研究 [J]. 中国科技论坛，2012（7）：137–141.

关于创业效益。赵阳、孙秀林等[①]（2001）认为，以返乡创业者为领头羊带动城镇经济的繁荣，进而有助于农村经济结构调整，改变农村比较单一的种植结构，提升农村产业结构，推进农村产业的合理分工和农业产业集群的发展，走非农化道路。特别是农民工返乡创业，一方面移植沿海有市场需要的劳动密集型产业；另一方面结合当地资源，开发特色产品，提升传统产业。

关于创业影响。胡明文、黄峰岩、谢文峰（2006）指出，创业是一种人力资本投资，也是返乡农民工对高层次发展的追求，以此促进了农民身份的转换，加速了农民现代素质的积累。汪洋副总理指出，返乡下乡人员创新创业是大众创业、万众创新的重要组成部分，是继乡镇企业异军突起之后农村的又一次创新创业浪潮，是推动农业农村经济发展的新动能。

2.1.3 大学生

汪红梅、薛建宏、赵帝焱（2016）基于西北农林科技大学479名学生的问卷调查数据，采用二元Logistic回归模型，对大学生农村创业意愿的影响因素进行了研究。结果表明，性别、生源地、创业技能、家庭的支持、创业教育、自己具有与众不同的想法和将想法付诸实践的能力，以及成就事业的动机对大学生农村创业意愿有积极影响；而家庭年收入则与创业意愿负相关。[②]

赵培芳、李玉萍、姚晓磊（2015）认为，大学生农村创业集中在种植业和养殖业环节，而从事农产品加工业和制造业的相对较少。主要原因是：大学生通过4年的高等教育，具备专业的种植养殖技术知识；与农业其他环节相比，生产环节所需的投资额较少且风险低，可实施性较强，适合大学生开发创业项目。

梁艳清、杨彬（2013）认为政府在推动大学生到农村创业中的职能是

[①] 赵阳，孙秀林. 暂迁流动与回乡创业的政策效应 [J]. 农业经济问题，2001（9）：25–28.

[②] 汪红梅，薛建宏，赵帝焱. 大学生农村创业意愿影响因素分析——基于479名学生的调查 [J]. 湖南农业大学学报：社会科学版，2016，17（3）：90–97.

能够创建良好创业环境，包括：统筹城乡发展，重构农村公共物品供给制度，缩小城乡差别，吸引优秀人才向农村流动；构建大学生到农村创业融资体系；优化大学生农村创业的政策环境；营造接纳、欢迎大学生到农村创业的人文环境[①]。

2.2 关于农村科技创业的影响因素研究

创业是一种系统性的工作，特别是农村科技创业，存在周期长、风险大、收益慢的特点，在整个创业过程中涉及多种因素的影响。

2.2.1 政策对农村科技创业的影响

政府在创业的影响上，不仅会影响创业的机会，还会影响市场准入、融资环节、企业管理等方面。

1994年，金莉和佛格提出五维度模型，认为外部环境对新创企业的生存与发展有很大影响力，是创业过程中多种因素的组合，包括：政府政策和规程、社会经济条件、创业与管理技能、创业的资金支持和创业的非资金支持。其中，政府方面内容是指利用宏观调控的手段来影响市场，进而影响经济增长和创业机会。政府通过建立健全政策和规程，为创业者提供发展机会，营造一种可以在适度承担风险条件下追求利润的环境[②]。2010年，杨家栋提出，一些地方政府为促进农民创业出台了一系列政策激励措施，改善了创业环境。农村创业条件的改善增加了预期收入，使农民在进城打工与在返乡创业之间选择了后者。郑风田、孙瑾（2016）认为创业支持体系是促进和支持农民创业的重要方式，创业辅导、创业支持基金、机会

---

① 梁艳清，杨彬.大学生农村创业机制的建构：政府和高校的作用[J].高等农业教育，2013（6）：109-112.

② Gnyawali, Fogel. Environments for Entrepreneurship Development: Key Dimensions and Research Implications[J]. Entrepreneurship Theory and Practice, 1994（4）：43-62.

平台、创业服务等构成了农民创业的支持体系[①]。郭永秀等（2007）提出完善农民创业教育政策、优化创业教育环境及调整创业教育内容是解决农村创业存在的问题与困难的关键点[②]。吴勇（2010）根据多任务委托—代理理论及其绩效评价理论，将客观绩效评价与主观绩效评价相结合，提出要求创业投资家对所投项目以投资额的一定比例注入个人资本，按照创业投资家声誉给定基本固定报酬，并在创业投资家报酬奖励部分考虑战略协同性的影响，激励创业投资家合理安排投入，推动政府支持农村微型企业创业事业的顺利发展的设计思路[③]。

2.2.2 信息技术对农村科技创业的影响

汪向东（2014）认为，互联网为农村科技创业创造了新环境，极大地刺激了涉农交易领域、服务领域和生产领域的科技创新与创业。在涉农交易领域农村出现了一批新的群体——农民网商。服务领域创业除了刚刚兴起的地方性平台服务外，主要表现为两种：一种是为了农村信息化、农村电子商务而产生的支撑服务，如物流企业、电商人才培训机构、技术支撑服务等；另一种是由农村信息化、电子商务所衍生的服务创业，如客服代理、地方土特产网络营销等服务商的兴起。在生产领域，互联网为三农提供了新的市场交易方式，网络定制、订单农业使得生产者能够直接对接消费者，了解并满足消费者差异化、个性化的消费需求，这带动了生产领域科技创业的发生，促进了生态绿色、休闲体验、创意农业等产业的发展。[④]

---

① 郑风田，孙谨. 从生存到发展——论我国失地农民创业支持体系的构建[J]. 经济学家，2016（1）：54-61.

② 郭永秀，李建民，齐艳霞. 我国现行农民创业教育问题与对策研究[J]. 河北农业大学学报：农林教育版，2007，9（2）：108-112.

③ 吴勇. 政府支持农村微型企业创业中创业投资家激励机制研究[J]. 生态经济：中文版，2010（8）：114-116.

④ 汪向东. 互联网背景下，农村科技创业[J]. 中国农村科技，2014（8）：28-29.

2.2.3 孵化器对农村科技创业的影响

李军等（2004）认为，农业科技孵化器通过提供共享、通用的基础设施、专业化增值服务、专业化的参与式管理、灵活多样的融资，来促进农业科技企业的成长[①]。郝利、类淑霞（2009）对农业企业孵化器进行了定义，农业企业孵化器又称为农业科技企业创新中心或农业企业创业中心，是通过提供一系列科技创业发展所需的管理支持和资源网络，加速农业科技成果（项目）商品化，帮助和促进新创科技企业成长和发展，培养企业家。农业企业孵化器是专业孵化器的一种，是农业科技创新体系的重要组成部分。[②] 齐振宏（2006）对农业科技企业孵化器的模式进行了划分，按照外部特征，有综合性农业科技企业孵化器、专业性农业科技企业孵化器、农业大学科技园区、国际性农业创业园等；按照资产性质，可以划分为社会公益性非营利性孵化器和营利性企业孵化器；按照营运机制，可以划分为事业型孵化器、企业型孵化器[③]。

2.3 简要评述

以上主要对国内外关于农村科技创业方面的相关研究进行梳理，从已有的研究可以看出，国外对农村科技创业的研究非常少，而国内对农村科技创业的研究相对丰富，这与我国的具体国情有关。

从当前国内外研究现状可以看出，农村科技创业的提出把创业、创新与人、自然这几个关键要素紧密结合在一起，不仅突出要打造农村经济增长的引擎，而且突出要打造农村就业和发展的引擎，不仅突出以科技特派员为代表的精英创业，而且突出以返乡农民工、乡土人才为代表的草根创

---

① 李军，何荣明，王勇，等.农业科技孵化器——农业高新技术产业化的摇篮[J].上海农业学报，2004，20（2）：117-120.

② 郝利，类淑霞.我国农业企业孵化器运行机制的理论分析[J].科技进步与对策，2009，26（17）：18-24.

③ 齐振宏.农业科技企业孵化器的模式创新研究[J].科学学与科学技术管理，2006，27（3）：92-96.

业、实用性创新，体现了创业、创新、人和自然"四位一体"的创新发展总要求，揭示了创新创业理论的科学内涵和本质要求，为创新创业理论和实践研究开辟了崭新的天地。但目前，农村科技创业的研究主要集中于创业者本身，特别是科技特派员，而对创业领域的研究则略显薄弱。尤其是"互联网+"背景下，农产品电子商务的发展为农村科技创业提供了新的形式，主要表现为利用电子商务平台销售地方特色农产品、围绕农产品电子商务发展新型服务业等。这些新形式作为我国农村社会化创业服务体系的重要补充，在促进农民增收致富繁荣县域经济发展等方面起到了重要作用。因此，分析研究新型城镇化及"双创""互联网+"背景下我国农村科技创业工作面临的新形势、新情况和新问题，深入探讨我国农村科技创业管理机制和相关政策，具有重要的理论意义和现实意义。

3 我国农村科技创业主体研究：科技特派员

自2002年科技特派员制度试点以来，科技特派员制度已成为推动我国农业科技成果转化、加快农村创新创业的重要制度安排。通过近15年来的发展，我国科技特派员队伍已经达到73.9万人，成为农村科技创业的重要力量。2016年5月，国务院办公厅下发了《关于深入推行科技特派员制度的若干意见》（国办发〔2016〕32号），为新时期进一步推动科技特派员农村科技创业指明了方向。而且，在当前国家促进"双创"发展和农业供给侧结构性改革的大背景下，科技特派员制度该如何进一步发挥政策作用、科技特派员群体应如何进一步带动农村科技创业发展，对上述问题的回答还没有结论，需要进一步研究探讨。鉴于此，本书在实地调查和资料总结分析基础上，研究探讨了新时期科技特派员制度如何发展、科技特派员创业主体如何更好地开展农村创新创业的相关重点问题，研究结论将能够为进一步完善科技特派员制度提供决策参考。

3.1 新时期科技特派员制度成为我国农村科技创业的重要制度创新

科技特派员制度是一项源于基层探索、群众需要、实践创新的制度安排，主要目的是引导各类科技创新创业人才和单位整合科技、信息、资金、管理等现代生产要素，深入农村基层一线开展科技创业和服务，与农民建立"风险共担、利益共享"的共同体，推动农村创新创业深入开展。据最新数据显示，科技特派员制度在推动科技成果向基层转移转化方面发挥了重要作用。目前，全国科技特派员总数达到73.9万人，全年培训农民和创业者达到3600万人次，服务带动农民增收超过6000万人。通过"三区"

人才计划，支持中西部23个省区市和新疆生产建设兵团选派17 332名科技人员，培训2841名当地科技人员，带动农民增收超过100万人。全国638家星创天地，集聚创业导师5232名，孵化企业10 335个。

事实上，自2002年科技特派员制度试点以来，"科技特派员"已多次出现在中央1号文件中，成为农村科技工作领域的重要制度设计。新形势下，随着国家大众创业、万众创新工作的持续推进，科技特派员制度在促进我国农村科技创业中发挥了重要作用。通过引导现代生产要素向农村集聚，以创业链为载体促进农业全产业链增值，鼓励科技特派员围绕重点农业产业开展全链条创业；以专项行动为载体推动行业集群创业，加快实施林业、农村流通、农村青年、农村妇女等科技特派员专项行动；以园区联盟为载体推进区域集群创业。

鉴于此，2016年5月国务院办公厅出台了《关于深入推行科技特派员制度的若干意见》（国办发〔2016〕32号），作为新时期科技特派员制度发展方向的指南。和之前出台的科技特派员相关政策不同，该文件明确要把"突出农村创业"作为政策实施原则之一，提出要"围绕农村实际需求，加大创业政策扶持力度，培育农村创业主体，构建创业服务平台，强化科技金融结合，营造农村创业环境，形成大众创业、万众创新的良好局面"。此外，在该文件重点任务中，明确提出"加快推动农村科技创业"作为政策重点任务之一，提出要"围绕区域经济社会发展需求，以现代农业、食品产业、健康产业等为突破口，支持科技特派员投身优势特色产业创业，开展农村科技信息服务，应用现代信息技术推动农业转型升级，大力推进'互联网+'现代农业，加快实施食品安全创新工程，培育新的经济增长点"。由此可见，农村科技创业和科技特派员制度的联系越来越紧密，新时期科技特派员制度已成为我国农村科技创业的重要制度创新。

3.2 科技特派员群体是我国农村科技创业的核心主体

作为一种制度创新和机制创新，科技特派员制度发轫于农村基层，并在政府的推动下不断扩大其制度影响力。从2002年科技部开展科技特派员试点工作，到2009年联合八部委共同开展科技特派员农村科技创业行动，再到2016年国务院办公厅出台《关于深入推行科技特派员制度的意见》（国办发〔2016〕32号），科技特派员制度在全国不同地区的实践充分体现了科技与经济在基层地区的有机结合，以及科技人员与农民群众的有效合作。科技特派员制度与传统基层农技服务机制的最大区别在于：以市场机制为基础，在基层技术服务体系中按市场规律配置资源，鼓励科技人员与农民结成"风险共担、利益共享"的利益共同体，推进农业科技成果应用转化，培育并发展具有地方特色的优势产业，带动县域经济发展。在这一过程中，作为实施主体的科技特派员群体，扮演着农村科技创业主体的角色。但是，由于目前科技特派员来源广泛，其群体内部不同类型的科技特派员在实施农村科技创业过程中具体机制有较大差异。为了能从理论上阐明不同类型科技特派员农村科技创业运行机制，本书下文将在分类的基础上对不同类型科技特派员农村科技创业运行机制进行分析，考察其在运行过程中的特点和影响因素。

3.2.1 科技特派员农村科技创业的创业主体类型划分

创业主体是创业活动的策划者、推动者、组织者和执行者。在创业活动中，创业主体具有高度能动性，能够适应市场环境变化需求，通过有效的资源配置整合，创造新产品、培育新市场、发展新产业。

科技特派员制度发轫之初，其参与主体主要是相关行业的科技人员，包括各科研院所、高等院校、企事业单位的科技人员等。随着制度的不断深化和创新，目前我国科技特派员队伍组成人员已经大大丰富和扩展。除了科技人员以外，还包括高校毕业生、返乡农民工、农村青年致富带头人、大学生村官、离退休人员及企业人员等，这种趋势变化和国家政策导向中"拓宽科技特派员来源渠道"的精神相符。在《关于深入推行科技特派员制度的意见》（国办发〔2016〕32号）中也明确提出，"支持普通高校、科研院所、职业学校和企业的科技人员发挥职业专长，到农村开展创业服务。引导大学生、返乡农民工、退伍转业军人、退休技术人员、农村青年、农村妇女等参与农村科技创业。鼓励高校、科研院所、科技成果转化中介服务机构及农业科技型企业等各类农业生产经营主体，作为法人科技特派员带动农民创新创业，服务产业和区域发展。结合各类人才计划实施，加强科技特派员的选派和培训，继续实施林业科技特派员、农村流通科技特派员、农村青年科技特派员、巾帼科技特派员专项行动和健康行业科技创业者行动，支持相关行业人才深入农村基层开展创新创业和服务"。

但是，从本质上看，目前科技特派员创业主体实际上主要包括2种类型：一是从城市到农村创业的各类人群，包括科技人员、高校毕业生、大学生村官、离退休人员及企业人员等"外生"式科技特派员创业者；二是从农村内部开始自发创业的各类人群，包括"土专家""田秀才"等技术能人在内的各种农村能人、返乡农民工、农村青年致富带头人等"内生"式科技特派员创业者。这两类人群从创业路径方向上看正好相反，前者是从城市到农村，通过技术要素带动其他现代生产要素进入农村，开展创新创业，而后者则是深入挖掘农村内部资源，通过示范带动效应，推动农业科技成果在实际生产中转化应用。

3.2.2 从城市到农村："外生"式科技特派员下乡创业机制分析

城市科技人员等"外生"式科技特派员农村科技创业机制表现出科技创业与科技服务并存的总体特征。在一些机制模式中，科技特派员是创业主角，他们通过创办企业或者开展技术承包，直接进入创业过程，作为主要创业者带领创业团队和农民结成各种形式的利益共同体，一起发展地方优势特色产业；而在另外一些机制模式中，科技特派员以技术参股、有偿技术服务或者无偿技术服务等形式进入其他创业者的创业过程中，作为创业团队的一分子参与创业，主要还是承担提供科技服务的任务。具体来看，主要有如下几种模式。

第一，作为创业者领导农村科技创业。创办技术性实体，以政府科技项目为引导嵌入科技特派员创业链。这种机制的特征反映在以下几点：

①科技特派员利用自己的技术和资金创办技术型的实体企业，以企业为实体开展科技创业，建立稳定的生产基地，通过示范带动效应动员农户统一按照技术规范进行标准化生产；②科技特派员创业企业与农户之间以合同形式达成稳定的合作关系，对签约农户进行跟踪技术指导，解决生产中的技术问题；③在政府科技项目引导下，与整个产业链其他环节的企业共同组成产业技术联合体，扩大科技创新要素对产业链各环节的影响，提高产品附加值；④通过市场机制，科技特派员企业统一收购农产品，统一进行深加工，注册商品品牌，统一进行销售，带动产业链延伸和农户增收。

第二，开展技术承包，通过示范带动效应组织农户开展创业。此种创业机制特征表现为：①科技特派员利用自身掌握的先进科技成果及经营组织管理能力，对原来农村中经营不善的企业或者生产设施进行承包经营，或者租赁村庄中的土地进行农业科技成果的试验示范、转化推广和规模化、集约化农业生产经营；②科技特派员雇佣村民并指导村民进行生产管理，统一提供技术服务；③科技特派员统一负责农产品的销售。

第三，作为服务者参与科技创业。此种机制模式可以细分为以下具体做法：①通过技术入股参与科技创业，提供技术服务。科技特派员以自身拥有的技术作为股份，与农民或农业产业化企业合作，结成经济利益共同体，全程参与生产管理，提供生产技术服务，加快了科学技术转化为生产力的进程，不仅实现了农民增收、企业增效，而且科技特派员也从中获益，实现双赢。②通过有偿技术服务方式，为其他创业主体提供技术服务。科技特派员通过签订技术服务合同等形式，与农民达成技术服务协议，运用契约的形式规定了技术人员和农民在有偿技术服务过程中的责任和义务，使科技特派员技术服务的价值得到体现。同时，这种创业与服务模式能够在农民心中建立起新的意识，即技术如同化肥、种子等投入品一样，是一种新的有效的生产投入要素，这对在农村中建立农业技术服务市场有所促进，从某种意义上说，是技术服务市场开始形成的标志。③通过无偿技术服务方式，为其他创业主体提供技术服务。作为科技特派员农村科技创业服务的初级形式，无偿技术服务通常是将科技最初引入农村时的切入点,在技术服务成功的示范引导下,能增强农民的科技意识和能力,并为培育技术服务市场营造相应的环境。但是,科技特派员农村科技创业旨在科技特派员与农户之间形成一种"利益共享、风险共担"的利益机制,如果长期以无偿技术服务的形式开展创业服务,则将对建立长效创业服务机制有所影响。

3.2.3 从农村到农村:"内生"式科技特派员返乡创业机制分析

和"外生"式科技特派员相比,以"土专家""田秀才"、返乡农民工等各种农村能人及返乡人员为代表的"内生"式科技特派员进行农村科技创业,在机制上表现出同质性特征:首先,他们通常自己首先采纳新技术开展科技创业,这主要依靠个人相对出众的对创业机会的把握能力,包括承受风险的能力、对市场的判断及对新技术的掌控能力;其次,在获得创业成功之后,通过政府科技项目的支持,凭借对农村的感情及各种亲缘、血缘、友缘关系,在本村本镇充分发挥自身的示范带动效应,加速科技成果的转化应用,并通过建立农民专业合作组织等方式培育壮大自身实力,发展地方特色优势产业。例如,广西柳州通过开展"村级科技特派员试点",将农村能人纳入科技特派员队伍,成为发展"内生"式科技特派员的典型代表。近年来,柳州市科技局联合农业局在其下属的柳城、三江两县选择了8个乡镇的16个村委进行试点示范,推行村级科技特派员制度。经过层层筛选,在太平镇和老堡乡的16个村委会各选定1名文化程度高、懂技术的科技示范大户,聘为科技特派员,并签订了柳州市村级科技特派员目标管理责任状。为了确保试点工作的顺利开展,所需试点经费从柳州市科技特派员项目资金专项列支,由市科技特派员工作领导小组办公室将经费拨到试点县科技局,主要用于村级科技特派员的培训资料书籍费、差旅费、工作生活补助、表彰奖励和村级科技特派员的日常工作经费。

3.3 当前我国科技特派员农村科技创业的典型做法与主要经验

当前,在国家"双创""互联网+"及农业供给侧结构性改革的新形势、新背景下,各地在推动科技特派员农村科技创业过程中形成了若干新的典型做法与经验。通过实地调研和最新的调查资料整理分析,本书具体总结了如下几方面典型做法与经验。

3.3.1 科技特派员农村创新创业活动与地方优势特色产业紧密结合

科技特派员制度从诞生之初就强调了以市场机制为导向服务农村产业发展。通过引导各类科技创新创业人才和单位整合科技、信息、资金、管理等现代生产要素,围绕特色产业与农民建立"风险共担、利益共享"的共同体。当前,国家政策层面强调推进农村新产业新业态发展,同时着力推动农村一二三产业融合发展。在这一过程中,一些地方的科技特派员创业主体结合自身优势,积极围绕地方优势特色产业寻找创业机会,以延长农业产业链、拓展农村产业范围等多种新模式开展创新创业,取得了较好的成效。其中,一类主要的发展模式是通过发展科技特派员创业链促进地方优势特色产业发展。

专栏3.1　山东通过科技特派员创业链带动地方优势特色产业发展

山东在推动科技特派员农村科技创业过程中,从整个农业产业链和农村整体的需求出发,把生产环节的单一运作转变为实现产供销的集成运作和农村经济的系统运转。围绕粮棉油主导产业和蔬菜、果品、畜禽、水产等优势特色产业,组织认定了4条国家创业链和26条省级创业链。特派员进入创业链的各个环节,集成转化应用了一大批先进科技成果,有力地促进了区域优势特色产业的发展。如高青县聘请青岛农业大学董雅娟教授,创办了山东布莱凯特黑牛科技股份有限公司,公司建有山东省黑牛繁育工程技术研究中心,通过克隆技术、胚胎移植和胚胎分割技术,已获得400余头纯种高档肉牛(日本和牛)种牛,繁育高档肉牛4361余头。初步形成了集高档优质肉牛繁育、育肥、屠宰加工和销售于一体的特色突出的产业链条,辐射带动5000个肉牛养殖户,促进了全县农业增效和农民增收。

此外，另一类典型模式是依托科技特派团的团队力量，整合科技资源，支撑引领县域农业特色产业发展。

专栏3.2　辽宁科技特派团在促进县域特色产业发展中"大显身手"

辽宁充分发挥科技特派团团队力量，整合科技资源，支撑、引领县域农业特色主导产业发展。自2007年开始，紧紧围绕县域农业特色主导产业发展，积极组织省内科研院所、大专院校的专家组成省、市两级科技特派团，分别派驻到有一定基础的特色产业县、乡，开展"一县一业"和"一乡一品"的农业特色产业基地建设。派出单位与派驻单位签订共建合同，确定3年工作目标，重点开展技术指导和服务，推动当地农业特色主导产业发展。自2010年开始，省级科技特派团的下派工作，与国家科技富民强县专项行动计划紧密结合，向列入国家科技富民强县试点县的县（市）派驻省级科技特派团，集合国家、省、市、县的资金和科技人员全力扶持试点县的农业特色主导产业发展，形成了国家、省、市、县共同推动县域农业特色主导产业发展的良好局面。同时鼓励各市向乡镇下派市级科技特派团，扶持地方特色产业发展，构筑了省抓县、市抓乡的科技特派团服务模式。目前，派驻的17个省级科技特派团，有效地助推了北镇和新民的设施蔬菜、绥中优质果品、阜新花生、昌图瘦肉猪、清源生态农业＋中药材产业、铁岭榛子、北票辣椒、盘锦稻蟹等区域农业特色主导产业发展，为县域经济发展注入了新的活力。

3.3.2　"推—拉"机制创新科技特派员创业激励保障机制

创业是一项风险较大的事业，农村创业面临着更大的不确定性。科技特派员下乡返乡开展农村科技创业，需要有一定适合的激励保障机制让他们形成创业动机，帮助他们减小创业风险，提高创业成功率。事实上，当前各地在推动科技特派员农村科技创业过程中，一方面从制度上形成激励保障科技特派员投身农村科技创业的"推力",另一方面从市场机制上引导形成促使科技特派员实施创业的"拉力",共同促进科技特派员农村科技创业的开展。从市场"拉力"方面看,科技特派员制度重点引导培育在农村科技创业过程中创建利益共同体,实现了多方共赢。

> **专栏3.3 河南以制度创新推动形成科技特派员创业利益共同体**
>
> 河南在推动科技特派员农村科技创业过程中,在免费开展服务的同时,在不影响所在单位知识产权和经济利益的前提下,鼓励科技特派员和服务对象双方达成技术合作协议,签订技术服务合同,提供有偿服务。鼓励科技特派员以资金、技术等生产要素投入创业服务,支持建立利益共同体,发展科技产业,取得合理报酬和收益。如河南农业大学的专家陈文作为科技特派员中的一员,以个人入股的方式与金水区渔场建立合作关系,形成利益共同体,以自己的专业特长对该渔场开发黄鳝网箱无土无公害养殖进行技术指导。项目实施后,年生产黄鳝2.8万千克,产值78万元,当年实现利润30万元,并辐射带动周边养殖面积5000亩①以上。

科技特派员制度引导派出单位在管理机制上加大创新力度,为科技特派员农村科技创业减少"后顾之忧",形成促进科技特派员下乡创业的制度"推力"。

> **专栏3.4 重庆、广西进一步完善科技特派员下乡创业的制度环境**
>
> 重庆优化政策环境,完善科技特派员管理机制。市科委会同市委组织部、市财政局、市人力社保局和市扶贫办等市级部门,联合印发了《重庆市科技特派员进村帮扶计划(2015—2017年)实施方案》《关于选派2015年重庆市国家"三区"科技人才的通知》,对选派的服务

---

① 1亩≈666.67平方米。

内容与形式、组织管理与考核、政策与经费保障进行了进一步的明确。在优惠政策方面，新增了科技特派员优惠政策，如科技特派员开展进村帮扶满 2 年的，其帮扶工作经历在干部选拔任用时视为基层工作经历；科技特派员选派工作期间，年度考核为优秀的，在职称评聘时，同等条件下优先考虑等。同时，加强与区县联动。对科技特派员的服务绩效，一律由区县政府的科技部门会同乡镇政府组织服务对象进行考核评价，结果报市科委备案。整个考核以群众测评为主，区县审定考核结果，市科委每年根据考核结果评选不超过选派总数 1/3 的优秀科技特派员进行表彰奖励。广西强化按需选派和资源整合，在政策上强化需求导向、按需选派。指导科技人员结合服务单位实现科技需求、派出单位科研成果转化需要及相关科技项目实施，按照"六个一"要求（即选好一名优秀科技人员、确定一个服务产业、选准一个服务对象、建立一种服务模式、搭建一座沟通与合作的桥梁、提供一项以上技术等服务），抓好对接和选派，提高科技服务的针对性和实效性。

3.3.3 科技特派员农村科技创业模式不断创新

"互联网+"时代，农村信息技术不断应用与完善，推动了各地科技特派员农村科技创业模式的不断创新。一方面，通过技术创新引领创业模式"互联网+"化；另一方面，通过创新运行机制不断形成各类农村科技创业新模式。

专栏 3.5　宁夏、山东探索科技特派员农村创业"互联网+"模式

为整合社会资源，探索农业发展新模式，促进一二三产业融合，宁夏从 2015 年开始开展科技特派员众筹农业试点工作，重点选择产品众筹、休闲农业众筹和农场众筹为突破口，邀请区内外相关专家采取"专题授课+案例分析+实战实操"等方式进行培训，为科技特派员讲授互联网思维、农业众筹项目特点、运行模式、实际操作和品牌打造等内容。将众筹项目作为2016年科技特派员专项重点扶持范围，一批众筹项目已启动。与"众筹网"宁夏站开展合作，为科技特派员搭建互联网众筹平台，邀请有关专家成立"科技特派员众筹专家组"，为科技特派员开展众筹农业出谋划策，有针对性地开展一对一辅导和服务。山东以国家农村农业信息化示范省建设为契机，把科技特派员制度建设与农村信息化示范省、"云农业科技园"建设紧密结合，提升了基层信息化科技创业平台的科技水平，加强了创业信息服务平台和基层服务站的建设。利用信息化手段拓展特派员的创业服务空间，丰富服务内容，规范化管理科技特派员工作。充分利用山东农村农业信息化示范省建设成果，创建了农村信息科技特派员队伍。针对乡镇推广机构人员不齐整、设施相对落后的实际，探索建立了集特派员、农村信息网络和技术推广站于一体的"网、员、站"新型农科服务体系，疏通了农村先进适用技术的推广渠道。聊城市以专家视频系统和12396信息服务系统为主，建立了科技特派员创业信息服务网站，随时为特派员创业提供技术支持和信息服务。

在运行机制创新方面，科技特派员创业主体针对不同的创业环境，结合地方不同的产业发展和科技创新需求，积极探索形成了不同运行模式的农村科技创业机制，有效推动了农业科技成果产业化。

专栏3.6　黑龙江通过机制创新积极发展各类科技特派员创业模式

近年来，黑龙江积极探索市场化、高效率的科技特派员制度运行新模式。主要包括以下几类：一是场县共建。组织国有农（林）场与周边县（市）全面开展场县共建，通过"三代"作业、共建农业科园区等方式，将优良品种、先进栽培生产技术、先进农机装备及生产模式等辐射到周边区域，带动农业生产技术水平的快速提升和区域经济一体化。二是校县合作。组织高等院校选派科研团队和科技人员，发挥科研优势，投身现代化大农业建设主战场，与农业县（市）全面开展校（院）县合作，共建新农村发展研究院、专家大院、科技园区、农民大学等，领办、创办、协办企业，促进农业科技成果转化为现实生产力，实现资源整合和互利共赢。三是院县合作。组织科研院所选派科研团队和科技人员，发挥科研优势，投身现代化大农业建设主战场，与农业县（市）全面开展校（院）县合作，共建新农村发展研究院、专家大院、科技园区、农民大学等，领办、创办、协办企业，促进农业科技成果转化为现实生产力，实现资源整合和互利共赢。四是农企合作。组织涉农龙头企业与生产基地和农户紧密合作，充分发挥了解市场的优势，通过订单生产、提供优良品种和全过程技术指导等方式带动基地农户不断提升生产技术水平，促进农业增产和农民增收，推进我省农业产业化进程。五是农业合作组织服务。组织农业合作组织通过促进土地规模经营、有效组织各种生产要素，培育壮大农村生产经营主体，实现小生产与大市场的有效衔接，提高农民组织化程度和农业抗风险能力。

3.3.4 科技特派员制度通过创业扶贫实现精准扶贫

当前，推动精准扶贫是国家发展战略之一。科技特派员制度通过创业扶贫带动精准扶贫，以创业带动地方产业发展，从而促进地方经济社会脱贫。相比传统扶贫模式，由科技特派员制度推动的农村科技创业扶贫更具持续性，而且投入成本相对较小，能够在贫困地区产生较好的示范带动作用。

专栏3.7 天津探索形成科技特派员创业精准扶贫新模式

天津自2014年开始充分利用农业科技特派员体系长期服务农村的经验，启动了农业科技特派员包村包户的精准科技帮扶工作，并逐年深入。在菜、肉、蛋、奶等10个重点产业，按"产业＋特派员团队＋示范基地＋农户"的模式，从大学、科研院所、区县农技部门、科技型企业及乡土专家中，遴选611名农业科技特派员，组成42个团队，实行亮牌服务，在500个困难村公开包村特派员联系方式和监督电话，实施"网格化"帮扶。在征集困难村技术需求的基础上，确定菜、肉、蛋、奶等10个重点农业产业，以科技创新示范基地为依托，根据每个产业在各个区域的集中度、帮扶村的数量、特派员开展工作的便利性等因素，将每个产业在全市划分成不同的帮扶网格，如设施蔬菜产业在全市共划分为6个帮扶网格，由6个不同的特派员团队进行包村包户帮扶。具体操作上，每个产业设1名首席科技特派员和若干名骨干科技特派员。首席特派员负责整个产业的科技帮扶工作的具体安排和协调组织，每名骨干特派员组织市级专家、区县技术人员、基层技术人员、乡土专家组成10～15人的帮扶团队，负责网格内本产业科技帮扶工作。在管理层面，建立科技帮扶管理微信群和QQ群，使帮扶工作任务快速下达到每位特派员，通过微信群开展技术咨询、交流与服务，推动了科技特派员与困难村、农户零距离接触。截至2016年5月，天津农业科技特派员已累计帮扶村庄1968个，帮扶农户21 755户，建立交流群53个，解决技术问题8449个，示范新品种201项，新技术163项，组织178场培训观摩会，培训农民2.1万人。发放技术资料18 828份，带动农民就业6429人，增加农民收入3602万元。

3.3.5 围绕科技特派员制度构建新型农村科技服务体系

科技特派员制度是当前我国构建新型农村科技服务体系的核心所在。和传统农技服务体系不同，新型农村科技服务体系更强调以市场为导向服务新型农业经营主体。通过科技特派员农村科技创业，科技特派员创业者和其他市场主体建立了"风险共担、利益共享"的市场共同体，而这一市场共同体需要新型农村科技服务体系提供的创新创业服务。有了这种专业创业服务，科技特派员农村科技创业将大大提高创业成功率。

专栏 3.8　吉林以科技特派员制度为核心形成新型农业科技服务体系

在推进科技特派员农村科技创新创业工作中,吉林将科技特派员创业工作与建立新型农业科技服务体系相结合,逐步完善了省、市(州)、县(市、区)三级科技特派员选派体系,以科研机构、高等院校为技术创新基地、以科技特派员工作站为科技成果辐射基地、以科技特派员为科技成果发散链条。省级科技特派员建立的工作站吸纳市(州)和县(市、区)选派的科技特派员共同参与,省选派的科技特派员注重高端技术的转化示范,通过市(州)和县(市、区)选派的科技特派员的实践,转化成更易于农民掌握的实用技术;而市(州)和县(市、区)选派的科技特派员把实践中探索的一些"土"经验、"土"技术上升到理论层面,做到了高技术与土办法的有机结合,使科技成果推广和转化的范围和效益得到大幅度提升,有效地带动了农业增效和大批农民增收。为更进一步调动科技特派员用新的视角和新的理念引领全省农民创新创业,吉林在重点县(市)建立科技特派员工作站,架起了专家与农民的桥梁,以产业示范基地和示范户为中心,由科技特派员与示范基地通过电话、QQ 群、微信群、面对面等形式进行有针对性的指导、沟通和培训,让农民不仅知道怎么做,还知道为什么这样做,通过建立"专家+企业+示范户+农户"的模式,不断完善"做给农民看、带领农民干、帮助农民销、实现农民富"的发展模式,实现了科技人员直接到户,良种方法直接到地,技术要领直接到人的新的服务体系。

3.4　当前科技特派员农村科技创业中存在的主要问题

从 2002 年科技特派员制度试点至今,科技特派员制度在中国农村科技创业与服务体系发展过程中已经运行了 15 年,而且已经形成了 70 多万人的科技特派员队伍。但是,在发展过程中,科技特派员制度和队伍本身也反映出了一些亟待解决的问题。主要表现在如下几个方面。

3.4.1　科技特派员创业主体自身创业能力不足

2016年国务院办公厅出台的《关于深入推行科技特派员制度的意见》强调"突出农村创业",鼓励在农村形成大众创业、万众创新的良好局面。但是,事实上,创业是一项综合事业,对创业者创业能力的要求很高。但是,从目前各地科技特派员的发展态势看,科技特派员深入产业链各环节开展创业和服务,自身的能力素质还有待加强,还难以真正在产业链各个环节开展创业和服务。例如,北京市科技特派员农村创业目前对新业态的发展反映不足。随着都市型现代农业的发展,京郊崛起一批产业融合型的休闲农庄,其对科技的需求呈现出多样性和复杂性,尤其是对创意农业方面科技特派员的需求旺盛,但是目前科技特派员队伍中还鲜有能够满足市场需求的创业者,还不能真正满足适应新业态的发展要求。

3.4.2　科技特派员农村科技创业激励机制仍有待完善

从科技特派员制度试点至今,有关建立完善的创业服务激励机制问题就成为制度设计的焦点和难点。因为要促使在体制内有稳定工作的科技人员"下海"经商,没有足够的动力机制恐怕是不容易的,尤其是到农村开展创业。因此,设计一套相对有效的激励保障机制成为科技特派员制度能否真正发挥作用的关键。但是,从各地实践情况看,激励保障机制目前还存在较大问题,主要表现在:一是资金投入相对不足。目前各地各级科技特派员工作都不同程度地存在资金问题,省级科技特派员财政资金总量有限,无法满足日益增长的队伍需求;市县级多数尚未建立专项工作经费,不少基层地区只能从科技项目经费中想办法解决;高校院所收入来源有限,难以为科技特派员提供配套经费支持。资金缺口较大,已经成为制约科技特派员创业开展和各级科技特派员发挥作用的重要因素。二是体制机制仍需完善。选派主体结构较为单一,多数是高校院所科技人员个人开展服务,法人和团队科技特派员所占比例不高。科技特派员集中在公益服务领域，科技创业开展不够。政策保障体系尚不健全，在职称优先评定、成果转化收益分配、事业单位离岗创业等方面，未形成切实有力的实施细则，政策落实不够。服务重点不够突出，科技特派员选派区域和服务产业较为分散，未能与园区、产业链紧密结合起来形成重点突破。三是管理和服务水平有待提升。对科技特派员的管理考核主要依靠各市州、相关高校院所的科技部门，考核往往集中在短期固定时间，形成了"催总结、追材料"的现象。考核方式主要是报总结、听汇报、主观评分，科学性和全面性不够。缺乏面向科技特派员的服务机构和服务内容，现有信息平台偏重管理功能，服务功能和服务资源有待开发和完善。

3.4.3 科技特派员农村科技创业在和农民建立利益共同体方面仍然不足

科技特派员制度从试点之初就始终强调深入农村基层一线开展科技创业和服务，与农民建立"风险共担、利益共享"的共同体，推动农村创新创业深入开展。但是在各地实际推动科技特派员发展过程中可以看出，科技特派员创业主体和农民之间在建立利益共同体方面还存在一些问题。主要表现在：在一些地区建立的利益共同体数量少、层次较低。由于一些地区产业化程度普遍较低，市场发育缓慢，效益不高，科技人员和农民很难结成真正的利益纽带，因而很难形成真正的农村科技创业。除了市场本身的问题，还有一些由于科技特派员自身创业能力素质的限制在利益共同体建立上没有大的突破。大部分科技特派员只限于科技服务，创办、领办"利益共同体"积极性不高，缺乏创业的魄力和胆识，有的对创办经济实体心存顾虑。从组织角度考虑，科技特派员利益共同体之所以难以形成主要是由于科技特派员选派管理目前主要依赖于各级政府部门，社会化、市场化、专业化的科技特派员综合管理服务机构和人才不足，科技特派员协会建设缓慢，推进科技特派员农村科技创业的市场机制不健全，内在动力不足。

3.4.4 科技特派员农村科技创业政策落实上还存在不少问题

尽管"推动科技特派员制度"的相关政策已经多次出现在国家1号文件

的要求中，而且2016年又以国务院办公厅专题文件下发，但是从各地落实政策的实际情况看，还存在不少问题。主要表现在：一是《关于深入推行科技特派员制度的若干意见》虽然提出了不少实质性举措，但要解决如何与组织、人事、纪检、检查政策的衔接，如何与事业单位改革和《中共中央关于深化人才发展体制机制改革的意见》衔接等问题。二是管理机制不顺畅。科技特派员的人事关系分属不同行业和单位，科技管理部门虽为科技特派员工作的业务主管部门，但缺乏必要手段来协调和管理，甚至有的县区科技管理部门在机构改革中被调整为二级局，职能被弱化，管理协调科技特派员工作的力度不够，存在重选派、轻管理的现象，科技特派员的"名分"不够明显，社会认可度不够。三是政策之间不协调。国家、省级及市县各级出台的相关政策措施中，都明确规定，"鼓励科技特派员以资金、技术、管理等生产要素投入创业服务，取得合理报酬和收益"，"引导科技特派员带领农民创办、领办、协办科技型企业、科技服务实体或合作组织"，"鼓励科技人员和企业建立利益共同体，通过资金、技术等生产要素的投入取得合法收益"。目前多数科技特派员为公职人员，工资之外的收入需要申报或说明，使得部分科技特派员担心自己的公职受到影响，心存疑虑，技术服务的积极性受到影响。四是服务能力不适应。各地科技特派员管理机制各不相同，选派形式也存在差异。在科技特派员选派管理中，有的县区每年选派1次，实行动态管理；有的县区存在"一派定终身"现象，当年试点工作启动时选派任命过一批科技特派员，之后就没有更新；有的科技特派员只派不服务；有的科技特派员知识更新速度慢，创新创业意识不强，服务水平参差不齐；一些科技特派员虽然具备一定的理论知识，但生产实践能力不足，不能满足指导生产实践的需要。五是政策落实不到位。现有各类政策文件都明确规定，科技特派员享受职称评聘、职级调整、考核奖励等相应优惠政策，但实际操作过程中部门间协调难度大，政策落实不到位，有的政策根本得不到落实，不利于调动他们的积极性。各级政府受财力限制，对科技特派员工作的经费支持力度不够，各地发展不平衡，有的派出单位受经费限制，科技特派员下乡服务期间基本的食宿、交通等费用无法开支，挫伤其积极性。同时，科技特派员创新创业融资难度大、扶持资金少，创办、领办企业的潜能难以充分发挥。

3.5 新时期进一步推动科技特派员制度发展的对策建议

2016年国务院办公厅印发的《关于深入推行科技特派员制度的若干意见》是新时期科技特派员工作的指引。为了深入落实中央和国家的政策精神，各地结合地区实际情况已经进行了一定探索，有成功经验，也有不足之处。为了在新时期能够更好地推动科技特派员农村科技创业的开展，本书在实地调研和前述部分分析总结的基础上，拟提出如下几方面进一步推动科技特派员制度发展的对策建议。

3.5.1 积极推动科技特派员农村科技创业与国家农村"双创"政策紧密相连

当前及今后一段时期，"双创"将作为国家层面战略推动中国经济社会转型升级发展。同样，农村领域"双创"将成为未来我国农村经济社会结构调整的重要手段之一。为此，国务院办公厅专门出台了促进农村"双创"的指导意见——《关于支持返乡下乡人员创新创业，促进农村一二三产业融合发展的意见》（国办发〔2016〕84号）。科技特派员创业群体作为该文件中提到的重要下乡、返乡创业群体，将成为农村"双创"的重要力量。因此，新时期政策导向应积极推动科技特派员农村科技创业与国家农村"双创"政策紧密相连。在政策导向上，应鼓励和引导科技特派员结合自身优势和特长，根据市场需求和当地资源禀赋，利用新理念、新技术和新渠道，开发农业农村资源，发展优势特色产业，特别是包括休闲农业和乡村旅游、民族风情旅游、传统手工艺、文化创意、养生养老等农村新产业新业态新模式。此外，还应鼓励与引导科技特派员农村科技创业与推进农村产业融合相结合。鼓励和引导科技特派员按照全产业链、全价值链的现代产业组织方式开展创新创业，建立合理稳定的利益联结机制，推进农村一二三产业融合发展，让农民分享二三产业增值收益。

3.5.2 加强对科技特派员农村科技创业的财政金融支持

研究表明,科技特派员农村科技创业最大的"瓶颈"在于资金不足,特别是对于那些建立初创企业的科技特派员来说,问题更加严重。因此,需要着力加强对这类科技特派员的财政金融政策支持。首先,加大资金投入,以项目、贴息或后补助等形式,支持科技特派员创业,可以考虑设立地方科技特派员专项资金,增加财政投入。其次,拓展融资渠道,探索建立科技特派员农村科技创业担保机制,探索设立担保基金,帮助科技特派员企业获得资金支持;开展对科技特派员的授信业务和农村科技小额贷款试点业务,支持农业科技成果转化和产业化。最后,落实税收减免政策。科技特派员创办的企业,享受企业研发费用加计扣除政策,并可按规定享受国家相关支农优惠政策。

3.5.3 进一步采取措施促进科技特派员与服务对象建立更加稳定的"利益共享,风险共担"机制

科技特派员农村科技创业区别于传统的农技服务方式,最本质区别就是将利益激励机制引入服务活动中,依靠市场机制反映技术服务价值。从实地调研情况看,目前各地农民群众已经逐渐认可了这种付费的技术服务模式,也对技术在农业生产中的重要作用有了深刻感受。因此,政府相关部门在今后工作中要继续积极推进在科技特派员与服务对象之间建立更加稳定的"利益共享,风险共担"机制。充分发挥政府的公信力,在科技特派员与服务对象(包括农民尤其是专业大户、农民专业合作经济组织、龙头企业等)之间"牵线搭桥",促进科技特派员通过技术参股、有偿服务等多种形式,与服务对象结成稳定的利益共同体,深入持续地提供优质技术服务。政府在这一过程中既要发挥"中间人"的作用,又要担当"监督者"的角色,对科技特派员科技服务效果开展定期绩效考核,确保服务质量。

3.5.4 进一步壮大科技特派员队伍并引导提升其创业能力

目前,全国科技特派员队伍已经发展到70多万人,但是还远远不能

满足农村"双创"的要求。因此，新时期应进一步采取措施鼓励引导不同来源的创业者加入科技特派员农村科技创业队伍中。继续支持普通高校、科研院所、职业学校和企业的科技人员发挥职业专长，到农村开展创业服务。引导大学生、返乡农民工、退伍转业军人、退休技术人员、农村青年、农村妇女等参与农村科技创业。鼓励高校、科研院所、科技成果转化中介服务机构及农业科技型企业等各类农业生产经营主体，作为法人科技特派员带动农民创新创业，服务产业和区域发展。结合各类人才计划实施，加强科技特派员的选派和培训，继续实施林业科技特派员、农村流通科技特派员、农村青年科技特派员、巾帼科技特派员专项行动和健康行业科技创业者行动，支持相关行业人才深入农村基层开展创新创业和服务。其中，应充分发挥那些"土生土长"的农村能人的作用，相关部门应进一步创新体制机制，为吸引乡土人才、农村青年致富带头人、返乡农民工等农村能人参与农村科技创业服务提供条件与环境。在此基础上，应加大力度为科技特派员创业者提供急需的创业培训，特别是对那些来自农村内部的"内生"式科技特派员创业者。政策要针对需求实施分类培训，努力培养全产业链不同环节上的创业专家，提高他们的理论素养和把握市场的能力，促使他们在发展农业特色产业中发挥更大的示范带动效应。特别是要利用新农村发展研究院、科技特派员创业培训基地等，通过提供科技资料、创业辅导、技能培训等形式，提高科技特派员创业和服务能力。

4　农村科技创业主体研究：科技型农业企业创业的现状与问题

在新型城镇化背景下，以农民专业合作社、家庭农场和农业企业为代表的新型农业经营主体，已经成为我国现代化农业发展的主要推动力量。新型农业主体在农户带动，金融、技术、信息支持，标准化生产和促进三产融合方面正发挥着越来越重要的作用。相关调研表明，农业企业创业相关收入是专业合作社的5倍，是家庭农场的17倍；带动农户规模是专业合作社的8倍，是家庭农场的10倍以上。通过大众创业、万众创新，鼓励和引导各类人才在农业农村领域中创办企业、提升创业层次，既顺应"双创"的潮流，也是新型城镇化背景下提高农业组织化水平，改进乡村产业结构，增加农民工资性收入的一个重要方向。

世界粮农组织（FAO）将农业企业定义为：从事集体性商业活动的组织，从农场到城市餐桌，这些活动包括农产品生产、加工、销售及农资供应。国内对农业企业的定义一直存在争论，大多数学者认为农业企业的概念不应该局限在传统的初级农产品的生产，而应该扩展到与农业产前、产中和产后相关的企业。狭义的农业企业是指以利润最大化为目的，存在雇佣关系，以市场需求为导向，进行农产品的生产、加工、流通等活动的经济体。广义的农业企业除了进行农产品的生产、加工和流通之外，也包括从事农业生产资料如种子、化肥、饲料、农业机械等生产、加工和流通的企业。我国农业企业按行业进行划分可以分为：第1类是农产品生产企业，如种植业、畜牧业等；第2类是农产品加工企业，如烟、酒、油生产加工，粮食加工等；第3类是农产品流通企业，即农产品的运输和销售企业，如农产品电商、生鲜超市等；第 4 类是农资生产企业，如化肥、农药、农机的设计、制造和销售企业。此外，随着城镇化与现代农业的发展，农业生产性服务业也越来越重要，以各类"互联网＋农业电商"的农业信息化，以及以各类提供现代农机作业、无人机植保等为代表的社会化的现代农业服务业迅速壮大，成为农村创新创业的一个重要领域。

4.1 传统类型的农村企业创业及其问题

在中国农村，家族、宗族、同乡是"熟人"的主要范围，社会关系网络的互惠原则和信任、约束和规范仅在熟人圈中差序地应用，外人、陌生人难以被此社会关系网络接纳。"三农"领域的创业活动中，基于社会关系的情理联络更加重要，已有研究多从理性交易的视角研究创业过程，对不同文化背景下的行为模式重视不足。中国文化是一种重情感的文化，这反映在人际交往中，人们总要给对方一点最起码的人情或面子。中国人情社会中的商业交往也将关系视为具有排他性的稀缺资源，良好的关系对企业创业、企业成长和商业往来都发挥着重要的作用。中国乡村处在更传统的文化氛围中，社会互动更体现为注重人情、关系和面子等因素，人际交往更重感情，各类活动的规范和规矩也更具备人情特点。农村的创业活动是嵌入在社会取向的人际关系模式背景中的，也同样受到社会伦理中的"义务"影响，需要维系日常交往的人情支撑。

但由于涉农产业具有风险高、周期长的特征，尤其是创业者面临资金、技术和信息短缺的情况更为严重，所以创业的失败率更高。因此，交情行为在其中的作用更为突出。在具体的社会互动情境中，创业者要善于以情感为构建创业网络的突破口，站在对方的角度去推己及人，运用面子、人情和关系寻找能使双方达到情感共鸣的情感交汇点，并在此基础上争取创业资源所有者的情感和身份认同。在一项相关研究中，研究人员选取央视《致富经》栏目中农业创业故事作为研究样本，运用扎根理论方法对数据进行编码研究后发现，农村创业者通常采用面子、人情和关系等社会技巧，向创业资源所有者寻求情感交汇以获得对方的社会认同，构建创业网络和激活创业资源，提高从创业网络中调用创业资源的效率，强化将社会资源激活为创业资源的机会。

专栏 4.1　农村创业中的社会关系的建立与维护

某创业者决定承包土地种火龙果，但村民态度一直很冷淡，根本就不想把地租给她，来村里好多次都没有谈成……后来发现村里的人很多事情都是酒桌上谈的，特别是喝了酒以后，问题很好解决。她把能喝酒的员工和朋友都带上跟村民吃饭，创业者说："吃饭的时候老叫我喝酒、喝酒，其实他们比较重情重义，你跟他一起吃饭喝酒，他觉得你把他当朋友看，所以很多事就好商量了嘛。"之后感觉到与村民的距离一下子拉近了。村民说："我们这边有一句这样的话，人醉那个心清醒，他醉的时候讲出来的话都是他心里的话，酒后吐真言。"几次喝酒下来，诚意打动了村民，成功地租到了土地。

另外，一项广东农业企业调查中发现，接受调查的 376 家农业创业企业中，具有地缘近似性的占比达到 79%，也就是说农村创业者与农业企业所在的产业集群的利益相关者构成的社会关系网络主体的地缘上是非常贴近的。即使是湖南到广州创业的养鸡户，因其饲养的鸡的品种和市场都在广东，不大可能回湖南创业，这些创业者于是选择了惠州市湖南养鸡户聚集的乡镇开展创业活动，而这些乡镇的饲料经销商、药品经销商、技术员、养鸡工也大多来自湖南。

这说明社会关系和情感维护在传统农村创业企业的发展初期和成长期至关重要。交情和关系的建立不是凭空产生的，也不能一蹴而就，需要在创业过程中花费大量时间和精力扎实经营各种社会关系。对于大学生、科研人员和外来者等创业主体来说，由于身份认同差和社会关系薄弱，在开展农村创业起步阶段遇到的困难要大于本地农户、返乡农民工等本地创业者。在城镇化和"双创"的新背景下，不同的农村创业主体可以通过引入科技要素和资本要素来弥补本地化社会资本要素的缺失，以实现创业的成功。同时，地方政府也可以有所作为，通过设立农业产业园区等载体，打造农业农村企业集群化生产经营的平台，创建标准的政策、市场环境，也有利于农业农村企业在创业发展过程中减少社会关系方面的劣势，充分发挥自身的优势，在细分领域扎实经营。

4.2 科技型农业农村企业的创业与发展

稳定保守的农村社会文化环境对外来创业者形成了挑战，但创业者的科技研发能力带来的竞争优势能够克服社会资本的不足。中国农民和农村市场一向欢迎新技术和新产品，中国农业向现代农业发展也急需科技支撑。鼓励和支持科研人员、技术人才和高学历毕业生到农业农村领域开展科技型创业，同时引导科研院所、大学和大型农业企业开展内部创业，孵化出越来越多的科技企业，符合当前创新创业的大趋势，是新型城镇化发展的重要内容。

4.2.1 农业高新技术与科技型农业企业

农业高技术是以农业科学最新成就为基础，处于当代农业科学前沿的、建立在综合学科研究基础上的技术。农业新技术是在一定时空范围内初次出现的农业技术，包括农业全新技术、农业换代技术、农业改进技术等。农业高新技术包括生物工程技术、信息遥感技术、资源高效利用（生态工程）技术及与之相关的技术咨询服务、专家系统和软科学技术。

科技型农业企业，是指以从事或推进农业新生物品种、新设备技术、新生产工艺、新产品开发为主，能够在科技研究、开发方面投入较多人力、物力和财力，主要依靠企业自身的研究开发成果，或吸纳外来研究成果进行后续创新，形成农业高新技术产品规模生产的企业。为了避免农业高技术概念泛化，界定农业科技企业时，首先要考虑农业高新技术的含量指标和农业高新技术项目的先进性指标，如R&D投入强度、科研人员比重、农业高新技术领先性和农业高新技术创新能力等。

专栏 4.2　Holden 种子公司

被孟山都收购前，Holden 是一家基础种子公司（生产用于生产种子的种子），主要从事玉米自交系和杂交种的研发和特许经营业务，并不直接生产和销售商业杂交种。在创业初期，Holden 主要生产公益性科研机构和大学培育玉米自交系基础种子，出售给种子批发销售公司，后者利用 Holden 的自交系种子生产商业杂交种子卖给农民。Holden 依靠稳定优异的产品质量立足于基础种子市场。随后 Holden 强化科技创新，开展专有自交系培育计划，研发了一系列的优良自交系，Holden 研发的一系列玉米自交系成为美国杂交玉米非常重要的种子来源之一。Holden 公司的收入主要来自亲本种子的批发销售和杂交种特许经营 2 个业务领域。

国外发展表明，农业部门的技术装备水平会随着工业化的发展不断提升，美国农业的现代装备水平、信息化水平，以及农业投资的密集度甚至略高于普通轻工业。现代农业生产经营主体，主要依靠科技进步提高竞争力。

4.2.2　科技型农业企业的类型

根据高新技术企业在其生产经营过程中与高新技术之间的关系，农业科技企业可分为：①生产型企业。是指以研制开发、生产销售农业高新技术产品为主的企业。这类企业可能与一般企业一样，采取传统的生产工艺，但与一般企业不同的是它所生产的产品是知识密集型产品。它与科研机构一样，注重产品的研制开发，但它研制开发不是为了卖技术而是为了本企业的生产销售。②运用型企业。是指大量采用高新技术设备或高新技术工艺生产农业产品的企业。它与生产型企业的不同在于企业技术研制开发的重点在于生产工艺，着重于运用高新技术设备或研制开发高新技术工艺，而不一定生产或销售高新技术产品，它采用高新技术生产的可能是一般产品。它与一般企业的区别主要在于其所采用的生产工艺是高技术密集的。③服务型企业。是指为社会提供某种劳务且在其服务过程中运用大量农业高新技术的企业。

4.2.3　科技型农业企业的特点

农业高新技术企业属于智力密集和知识密集的产业，企业注重不断地创新。熊彼特的创新理论认为，竞争通过外部的不均衡对企业形成压力，企业必须通过创新获得收益从而生存发展，并提出"竞争—创新—发展"的外部机制模型，强调生产技术和生产方法的创新对于企业发展的重要作用。科技型农业企业人才结构优于传统企业，职工的科技素养和科研人员比重都高于传统农业企业，在企业运营过程中，注重研发投入和吸引创新人才，产品的技术含量也比较高，往往通过创新的新产品获取市场。

我国农村家庭联产承包责任制改革后，农村生产形成耕地细碎化、生产分散化和经营组织农户化的格局。农业农村创业企业发展到一定程度后，为了获取规模经济，大多数都会向前向后延伸产业链，涉足农业生产领域。技术水平要素引入农业生产导致农业分工深化、专业化生产涌现，在现有制度、技术和市场条件下，谋求进一步发展的农业科技公司需要与农户缔结某种形式的合作关系，形成"公司＋农户"的产业形态，实践中大量运作良好的"公司＋农户"案例也表明了这种组织形式的合理性。发展良好的农业科技企业最终会走向科、农、工、贸一体化，实现一二三产业融合发展，打通产业发展藩篱，把科学研究、技术开发、产品生产、物流贸易紧密地结合在一起，使其各种资源优势都得到充分发挥，加速农业高新技术转化，整合城、乡双重市场，有的甚至直接走出去，参与国际竞争。

4.2.4　科技型农业企业的来源

我国科技型农业企业形成的历史较短，现有数量较少、实力不强。目前，全国具有一定规模的农业科技企业主要从事种子种苗、农药、化肥、精细农化、兽药、疫苗、生物技术、农业工程等农业科技产业开发项目和业务。

新建型农业科技企业是通过引入科技要素而新成立的经营实体。可分为：①新建独创型，是利用自主开发的技术创立高新技术企业；②新建引进型，是利用引进技术创立的农业高新技术企业，往往采用与大学、科研机构或其他企业进行合作研究或委托研究的方式，通过合资、合作经营的方式引进国外技术，或通过技术专利获得相应技术使用权；③新建合作型，是拥有先进技术的双方互相合作，形成完整的设备、生产制造技术，并形成高新技术合资企业。

改造型农业科技企业是农业生产者单位及涉农企业依靠农业高新技术成果建立的经济实体和科技产业。改造型农业高新技术企业，是通过对已有的企业构成要素一次性改造而转变形成的。按照技术来源不同也可分为：①独创改造型，是指传统企业利用自身技术力量和设备优势，通过自主开发出高新技术产品，转变成农业科技企业；②引进改造型，是指传统企业通过引进国内或国外的先进技术对本企业进行技术改造，从而使本企业大幅度提高技术含量，最终转换成农业科技企业。

转制型农业科技企业是由过去农业科研院所转制或内部孵化形成的独立经营的企业实体。现阶段，我国农业科技企业中一大部分是从农业科研院所转制而来的。在市场化改革以前，一大批农业科研院所缺乏激励机制、创新动力不足、社会资源整合程度偏低、产权制度不清、治理结构不健全，研发创新与技术服务功能都比较薄弱。通过科研院所改革，各农业科教单位相继成立了一批开发经营机构和经济实体，建立了市场竞争机制并理顺了企业治理结构，发展成了科技企业和科技产业。

专栏4.3　京鹏科技

京鹏科技是北京市农业机械研究所成功孵化的集研发和产业化于一体的高科技企业，是国内首家设施农业装备企业。多年来，京鹏科技以立足三农科技为先导，全面推动创新，致力于自主知识产权的温室和技术，创造温室制造业的民族品牌，其自主研发的"屋顶全开启式连栋温室""屋顶平拉膜温室""植物检疫隔离负压温室""植物生理生态监测系统"等技术填补了国内空白,其中,"植物检疫隔离负压温室"的研究技术达到了国际领先水平。在技术创新的同时,京鹏科技的产业化经营硕果累累。依托京鹏科技领先技术孵化的"京鹏温室"改变了国内大型智能温室依赖进口的历史局面。在立足国内市场的同时,也参与海外市场竞争。到目前为止,印有"中国京鹏"商标的温室已先后在美国、韩国、俄罗斯、卡塔尔等数十个国家扎根落户,自主知识产权的产品出口正逐步成为京鹏科技新的经济增长点。

4.2.5 科技型农业企业的风险特征

农业高新技术创业具有高投入、高风险的特点。与其他高技术产业相比,农业高技术产业化面临的风险更高,管理难度更大。主要体现在:第一,农业更容易受到自然界不可控因素的影响,自然变化无论是气候还是生物方面都具有难以预测、易产生连锁变化的特点,极端事件易于发生;第二,短期内农产品供给和需求的价格弹性都比较小,特别是在小规模家庭分散经营的生产条件下,在市场经济中往往形成集体不理性的群体行为,在不同的产销周期内造成价格大起大落;第三,农业高技术的供给者和需求者往往在科技水平上存在较大差距,加之高技术从供给者向需求者转移过程中环节多,外部影响因素杂,容易出现信息丢失和效果扭曲,面临更大的信息不对称风险。此外,农业高新技术产业化具有极强的外部性,农业高新技术产业化初期,研发者最先从中受益,但涉及室外生产的农业新技术很难保密,新技术容易大规模扩散。这虽然对研发人员不利,但对农业产业来说,能够推动生产边界外移,效率的提升带来农产品价格下降,全社会的消费者都将从中受益。

因此,科技型农业创业企业的生存率比较低,20%～30%的农业高新技术企业的巨大成功是以70%～80%的企业失败作为代价的。据统计,美国的农业高新技术企业的寿命一般在5年左右,能维持5年以上的仅占30%,而高新技术企业能跻身于大企业之列的仅有5%左右,其余农业高新技术企业或被兼并或破产失败。OECD将知识分成4种类型：有关事实的知识、有关原理的知识、有关技能的知识、有关人的知识。其中，前两类属于显性知识，后两类属于隐性知识。在农业领域，产业知识中隐性知识的比例高，生产经验难以通过书本、论文等可编码的渠道准确获取，需要较长时间的实践才能掌握。同时，农业生产面对非标准化的农村环境，创业企业所处的环境往往难以与现有的企业保持一致，通过复制现有企业的模式，招聘同行企业的管理团队与雇员也不能保证新创企业获取企业运营的全部必要知识。

为了应对风险，改进经营绩效，很多科技型农业创业企业在内部风险应对中特别重视人才培养与引进，人才是科技型创业企业之本，通过采取激励机制引进并留住人才开展技术创新。为了分散研发的不确定风险，很多企业通过合作研发或协议研发的形式，利用外部力量开展研究工作。强化内部管理，引进智能管理技术依托现代信息技术组织和安排生产，研发和推广成熟的农业高新技术成果，提高生产的专业化和产业化水平。加强员工培训和客户培养，高校的技术与教育资源对员工和农户进行定期的技术培训，使他们尽快适应农业高新技术产业化模式。

4.3 信息化背景下的农村科技创业

4.3.1 我国"互联网+"农村创业

据CNNIC《中国互联网发展状况统计报告》显示，我国有近1/3（28.8%）的农民已经实现上网。在"双创"大潮中，"互联网+"农村创业首先聚焦于打通"城—乡"双向要素互动的市场机会寻找过程。从城市到农村这个方向上，由于传统线下购物在农村体验较差，同时农民对价格和促销敏感，电商在扩展农村市场方面大有所为。相关研究表明电商在农村网民中实现了超过80%的使用率，但整体网络、物流等方面的滞后在很大程度上影响了农村电商的发展。国内多家大型电商企业近年来进入农村市场，如京东在2014年第4季度开启以服务店和县级服务中心为主体的农村战略，服务和配送范围覆盖 5000 个村庄，同时还在乡村招募约 5000 名"乡村推广员"来帮助村民进行网购。由于涉及基础设施的大规模投入，这个方向上的创业更多的是以大企业内部孵化为主，个人和小企业的创业可以依赖这些大企业或政府搭建的平台，寻找差异化的机会，向农村市场渗透，实现创业的意愿。

从乡村到城市这个方向则为农村和城市的个人或小团队的创业者提供了更广泛的机会。当农业与互联网结合后，可以减少交易成本、提高生产效率。广大青年创业者知识新、思路活，利用对互联网的熟悉和掌握，针对农业产、供、销链条中的一个具体环节进行创业。从当前国内外基于互联网的农业创业实践来看，包括搭建互联网信息平台，提供生产信息、市场信息、政策信息获取用户和流量，并取得盈利；进行农产品网络交易，利用网络销售特色优质农产品，通过技术创新解决包装、保鲜、运输等方面的难题，也有通过微商城为现有农产品经营开辟渠道，为消费者提供便捷服务；发展爱好社交经济，互联网可以发挥前所未有的连接作用，将很多相同兴趣爱好的人士在虚拟空间中聚合起来，通过线上线下的交流，开发出新的需求，如众筹养殖奶牛、花卉种植交流等，将为原本小众活动的产品找到规模化的经营方式。

4.3.2 美国农业信息化创业

在 IT 产业更发达的美国，基于新一代信息技术在农业领域进行创业的公司更加活跃，在创业领域和创新深度上也超越了其他国家。在美国完善的农业信息体系支撑下，涌现出了大批农业信息化创业企业。其中，很多初创的小企业开发基于互联网的在线处理平台，提供各类数据产品与数据服务，帮助农场生产提高管理效率。此外，以先锋、孟山都等国际农业巨头为主的农资企业也抓紧在农业信息化领域布局，打造"农资＋农业信息化"的模式，主要是依靠公司特有的大规模、大数据和专业性强的特点为农户提供针对性的信息服务，同农资产品相结合扩充公司销售渠道，增加客户黏度，通过信息反馈做出针对性措施，提高公司的竞争水平。

专栏 4.4　美国农业信息化创业公司 Solum 的发展历程

Solum 成立于 2009 年，由斯坦福大学 3 位物理工程方面的毕业生创建。主要业务是通过土壤数据分析实现精确控制化肥施用。其开发的测量系统实现更高效、更精准的农产品抽样分析，以帮助农业从业人员科学种植，从而获得更好的收益。其开发的实验工具包可以让客户到田野的土壤中测量硝酸盐的含量。其在爱荷华州建立的实验室接受客户邮寄的土壤样本，提供分析服务。Solum 在 A 轮和 B 轮投资中总共拿到近 2000 万美元。

2014 年，Solum 的土壤分析业务被农业气象数据公司 Climate 收购。而后者也是一家农业创业公司，由 1 名 Google 工程师在 2006 年创立，原名为 Weatherbill。在收购 Solum 业务线前 1 年，Weatherbill 被农业巨头孟山都以 9.3 亿美元的高价收购并更名为 Climate。Climate 面向农民提供农业数据技术平台和意外天气保险服务，通过分析已掌握的海量数据，包括气象、天气、降雨、地质土壤调查数据等，来预测未来可能对农业生产造成破坏的各种情况，帮助农民预测作物产量，农民可以根据预测情况选择相应的农业保险，以降低气候环境对农业生产带来的影响。

在土壤分析业务被收购后，Solum 的农田管理软件系统业务更名为 Granular，继续独立发展。Granular 的业务模式主要侧重于农场的商业管理服务，包括计划、营销、会计等模块，通过农业云平台的数据分析帮助农场主安排生产销售计划，以实现利润最大化。Granular 的主要客户是美国的农场规模在前 10% 的超大型农场主，主要盈利来自于软件的销售，同时 Granular 通过对种植计划的成本分析和销售策略的分析，发展农资产品销售渠道的商业模式。在独立发展后短短数年内，Granular 又获得数千万美元的风险投资。

此外，美国农业初创企业在人工智能、智能机器人、大数据、物联网等领域展开了多方面的创业尝试。例如，农业机器人领域的创业公司 Blue

River聚焦于研发、生产和销售农业智能机器人,产品可以实现智能除草、灌溉、施肥和喷药等功能,智能机器人利用电脑图像识别技术来获取农作物的生长状况,通过机器学习,分析和判断出哪些是杂草需要清除、哪里需要灌溉、哪里需要施肥、哪里需要打药,智能机器人因为能够更精准地施肥和打药,可以大大减少农药和化肥的使用。另外一家农业机器人公司Aboundant Robotics,则制造了苹果采摘机器人,苹果采摘机器人通过摄像装置获取果树的照片,用图片识别技术去定位那些适合采摘的苹果,然后用机械手臂和真空管道进行采摘,可以在不破坏苹果树和苹果的前提下达到1秒1个的采摘速度。这些创业趋势展示了现代新兴技术与传统农业结合的可能性,并将在未来重塑农业生产,改善农村生活。

4.4 农村科技型企业创业的金融环境

希斯瑞克提出,技术创新是科技企业成长的核心要素,从发展角度看,科技企业存在"科研开发、企业孵化、风险投资、企业上市、组织创新"的一条发展链。但农业是弱质产业,农业企业存在"靠天吃饭"的特征,容易受到自然灾害的冲击,气候变化在很大程度上影响农业企业经营成果,同时农业企业普遍规模偏小,家族式经营管理特征明显,在资本市场上的认可度不高。农业企业要实现科技化、规模化、品牌化,对资金的需求比较大。

4.4.1 农村科技创业亟须金融支持

农业创业企业规模偏小,资产流动性差,缺乏抵押资产,在以银行为核心的传统金融体系中,农业企业的这些特点导致其获取贷款困难,间接融资手段匮乏。尽管政府鼓励银行支持"三农"发展,并引导农业银行和邮政储蓄银行设立"三农"事业部,额外的专注与对农业农村的金融支持。不过,国有银行都已完成市场化改造,成为上市公司。股东对利润的追求,必然会限制银行对高风险、低回报产业和企业的支持,公益性的目标和市场化的机制总是充满矛盾。解决农业农村创业企业金融抑制,需要发展多层次的融资投资体系，其中最重要的是融资租赁、股权投资等多种形式的直接融资渠道，建立面向农业农村的资本市场，实现社会资本的进入与退出渠道。

专栏 4.5　金融支持在甘肃农民开展农机社会服务创业中发挥了重要作用

甘肃省武威市农民王有彪的创业经历很有典型性。创业前王有彪经历了 14 年拖拉机手的职业生涯。2004 年，在西北地区农业机械化作业需求持续增加，对社会化服务要求不断增长的形势下，王有彪决定自己投资农业机械，开始创业经营。最初，没有什么积蓄的王有彪依靠向亲戚、朋友借贷十几万元购入了 1 台拖拉机，仅用 2 年时间就还清了本金。通过几年积累，2010 年又购进了 1 台性能更好的拖拉机。由于王有彪耕作技术好，为人实在，赢得了当地农民的信任，在农业机械保有量增加、农机作业竞争加剧的情况下，王有彪的业务量却稳定增加。这时，王有彪也意识到行业竞争和所在区域耕作总量，成为自己经营的天花板。他在经营决策上迈出了关键一步，北上内蒙古，开展跨区作业。通过融资贷款，王有彪又购入了 1 台高性能拖拉机，并雇用了 3 名机手，每年 9 月到内蒙古阿拉善从事秋整地作业服务，成功扩大了经营规模。同期，武威市农业结构调整，重点发展畜牧业，为了配合这一政策，政府在试推广基础上，不断扩大甜高粱等畜牧作物的种植面积，2016 年达到 20 万亩左右。这给王有彪带来了另一次发展机遇，王有彪果断通过融资租赁，购入 1 台价值上百万的青贮机。购入当年在本地作业 1300 余亩，在内蒙古跨区作业 3000 亩，按 170 元/亩的作业费来算，购入当年收入达到了 70 多万元。10 余年间，王有彪从普通农民成长为一个身家数百万的创业者，一方面依靠的是先进的农业机械和自身过硬的技术，另一方面也受益于国家政策和金融支持。

4.4.2 支持农业创业的多层次资本市场

我国早期大多数私募股权投资机构以资产管理公司名义存在，2007年我国《合伙企业法》的修订为私募股权投资基金向现代形式发展解除了体制枷锁，使国际经验中有利于私募股权基金发展的有限合伙制成为可能。2014年，证监会将私募股权基金纳入监管范畴，为私募股权基金合法有序发展确立了规则。据数据显示，2014年，我国私募股权投资市场完成448支基金募集，总金额超过600亿美元，全年共投资943起，实现386笔退出。私募股权基金作为连接一级市场和二级市场、实现资本市场和实体经济对接的通道发挥了重要作用。从当前上市的农业企业来看，其中，约有20%以上有私募股权投资基金的参与。根据有限的公开披露数据显示，深圳创新投资集团有限公司、上海永宣创业投资管理有限公司、达晨盛万投资有限公司、浙江省科技风险投资有限公司、国际金融公司等都参与了多起农业企业投资。私募股权投资在农业行业中比较活跃，私募股权基金凭借其资源与关系，在帮助农业企业上市过程中也发挥着十分关键的作用。

"新三板"是对全国中小企业股份转让系统的通俗叫法，是我国多层次资本市场体系的重要组成部分。2012年，国务院批准设立全国股份转让系统；2013年经国务院批准，新三板市场范围扩充至全国，境内符合挂牌条件的股份有限公司均可在新三板进行挂牌、股份转让、股权债权融资、资产重组等。截至2016年5月，新三板挂牌企业近7000家，总股本超过4084亿股，新三板市场已成为资本市场的重要力量。很多农业农村企业已经将新三板作为实现转型升级、获取融资的重要途径。截至2015年年末，农业企业挂牌新三板119家，比上年数量增长2倍，占全部挂牌公司的2.3%；股票发行融资方面，2015年挂牌农业企业股票发行65次，融资28亿元，相比2014年融资次数增长6倍，融资总额增长15倍。农业企业借助新三板，一方面提升了公司治理结构和品牌影响力，另一方面有的农业企业借助融资补充资金、开拓业务、进行项目研发等，公司发展逐渐迈上新台阶。不过，与其他行业相比，农业企业挂牌家数占比相对较低。

在主板方面，截至2016年9月，A股市场上共有上市公司2958家，大农业上市公司209家，占比7%，主要分布在农林牧渔、食品等15个行业板块。温氏股份总市值超过1500亿元，在农业上市公司中排名第2，仅次于贵州茅台，为农业农村企业树立了标杆。从市值排名前50的农业企业来看，食品加工业企业数量最多，在50强企业中占了36%，相比大农业产业链上其他环节，居于产业链后端的食品加工企业产业化程度更高、规模也更大。从地域上来看，50强企业多分布在东部发达地区，广东拥有9家，山东拥有6家。从上市时间来看，2010年后上市的企业占58%，近年来农业企业在政策支持下，借助资本市场力量发展较快，显示出了市场竞争力。但总体来看，农业或大农业企业在上市公司中比例偏低，市值规模也偏小，缺乏具有世界竞争力的龙头企业（特别是民营农业企业）。这些农业上市公司如何借助资本力量，通过强化自主创新，在生产经营和技术创新中更进一步，开展二次创业或内部创业，成为与我国农业规模相匹配、具有国际竞争力的企业也是国家产业发展的迫切需求。

专栏4.6 "新三板"挂牌的浏阳河农业产业集团股份有限公司

2015年，浏阳河农业产业集团股份有限公司成功在全国中小企业股份转让系统（即"新三板"）挂牌，成为名副其实的"中国杂粮第一股"。浏阳河集团是农业产业化国家重点龙头企业、全国主食加工业示范企业、国家高新技术企业，集团总资产2.3亿多元，年产值20亿元。成立10年来，浏阳河集团致力打造集种子、种植、收购、加工、仓储、销售、研发、标准、品牌为一体的旱杂粮产业链，开发出四大类50多种杂粮新产品，在杂粮育种、种植标准建立、省级储备等方面填补了湖南省空白。

在研发方面，浏阳河农业产业集团股份有限公司自2006年起全面实施杂粮产业化项目，整合湖南和全国旱（杂）粮类产业资源，大力发展合作社、"庭院经济"，取得了较好成果。主要做法包括：一是培育适合当地土壤、气候条件的以绿豆、荞麦、大豆3个主要品种为主

4 农村科技创业主体研究：科技型农业企业创业的现状与问题

体的旱（杂）粮产品系列优良种子；二是成立绿豆、荞麦、大豆等专业合作社20个，已吸收7000多户农户加盟，直接和间接带动20 000多户农户发展"庭院经济"，种（养）植面积达2万多亩；三是加强政产学研联合研发，推广杂粮种植标准，建立杂粮储备制度。

在经营方面，浏阳河集团主要从收购、仓储、销售、监督四大方面建立一条完整的销售渠道。一是收购。成立销售公司，通过合作社与农户签订收购协议，以略高于市场的价格直接从农户手中收购绿豆、荞麦、大豆（黄豆）等原材料，确保产品质量的同时带动种植农户致富。二是仓储。在湖南省汉寿经济开发区投资建设仓储量达3万吨的杂粮产品及种子仓储基地。三是多途径销售。形成"三进一上"销售理念，即杂粮产品进超市、进家庭、进社区和上餐桌，通过品牌超市、千家万户、城区连锁经营等方式销售产品；产品已获"自理报检出口资质"，远销东南亚。四是监督。从产品原料选择、加工环节、出厂销售、市场维护，建立了一整套监督系统。集团已发展加盟店近3100家，神州杂粮网店53家，自营形象店16家，杂粮美食中心7个，各级代理、经销商138多个。

4.5 农村科技型企业创业的政策支持

在传统农业向现代农业转变、鼓励和支持"双创"在农业农村领域大展身手、形成现代农业的产业链体系过程中，政府发挥着重要作用。国家创新体系中，农业科研与转化由不同主体承担，基础研究主要由政府投资，而科研转化大多属于由农业科技企业承担的分工合作模式。如何形成基础研究成果，取决于国家对基础研究的投入水平、制度设计及激励机制的建立；基础研究成果如何形成创新成果并转化为现实的生产力，成为农业科技水平提高的关键。当前，各级政府通过制度创新优势来克服科技企业发展的诸多障碍性因素，取得显著成效的政策包括设立农业科技园，为企业创造良好政策环境；开展创新创业大赛，扶持优秀创业团队成长；设立农业科技创业基金，为农业企业提供金融支持。

4.5.1 农业科技园的建设发展情况

"十五"期间，科技部联合农业部、水利部、国家林业局、中科院和中国农业银行在全国建立了36个国家农业科技园试点，按照"政府引导，社会参与，企业运作，农民受益"的运行机制，有效地推动了农业科技成果的转化、示范和应用，带动了周边地区的农业结构调整和产业升级，引进和孵化了大批科技型龙头企业，促进了农业劳动力转移和农民增收。农业科技园区既是农业技术创新的技术区，也是农业技术创新与扩散的一种崭新模式。农产品运输成本高促使农业产业集群更趋分散。农业集群以诱致性生成为主，集群的形成和发展离不开政府的支持和管理，政府的积极扶持对集群的生长具有重要作用。基础设施影响农业企业发展，位于农业科技园区的企业大多与农业科研院所等机构相互交流合作，如杨凌国家农业科技园依托西北农林科技大学，形成了以奶畜、果林、蔬菜、花卉、良种、农产品精深加工和观光旅游等综合型的龙头企业集群。园区内的企业共享技术信息，通过知识溢出带动创新外溢，有利于农业技术创新的形成。通过科技园区提供的试验示范基地，农业科技企业利用农业科研机构的基础研究成果，使农业技术发明和新奇思想快速转化为农业创新活动，进而推广应用于农业生产，推动农业现代化水平的不断提高。

2014年，全国农业科技园区投资总额1119亿元，科研经费投入91.5亿元，拥有研发中心1807个，其中，省部级研发中心726个，研发人员数量超过5.4万人，一大批研发平台的建设大幅提升了园区自主创新能力。园区引进培育企业总数7445家，其中，高新技术企业371家，农业科技创新型企业588家，农业上市公司61家，当年在孵企业1144家、毕业企业491家、新增孵化企业369家，园区"造血"功能不断增强，产业竞争力显著提升。园区核心区平均建设面积约2400亩，示范区平均建成面积为68 000亩。示范基地引进、推广新品种、新技术和新设施数量4230项，开展培训2.55万次，带动当地农户人数545万人，农户年人均纯收入达到19 718元，超过当年全国农民人均纯收入的99.2%。园区的人才、信息、技术等方面的优势在示范基地得到放大和提升。

4.5.2 创业引导基金与创新创业大赛

设立创业引导基金并开展创业大赛。自2007年起，科技部和财政部批准设立了创业投资引导基金，通过风险补助和投资保障及阶段参股等支持方式，支持初创期科技中小企业创新创业（农业已进入风险投资领域前10名），取得了显著成效。在科技型中小企业创业投资引导基金的带领下，地方累计设立了50多家创业投资引导基金，带动地方资金250亿元左右。

2010年，首届中国农业科技创新创业大赛由科技部、农业部、教育部、中国银监会、中国证监会等部门指导，科技部农村司相关司局主办，杨凌示范区管委会和中农科创投资股份有限公司承办。大赛以农村科技创业为主题，推动科技金融相结合，创造风险投资与农业科技创业团队对接的机会，培育用现代服务业引领推动现代农业产业发展的生态环境，吸引世界一流农业科技创新创业团队，培育一批具有自主知识产权、高成长性的农业高科技企业，促进现代农业产业的结构调整和优化升级。大赛的特色就在于推动风险资本进入农业、农村领域，将农村科技创业的好项目、优秀的创业团队与金融资本结合，对获奖项目给予奖励并进行捆绑式投资，实现风险资本和科技创新创业项目的有效对接，在为投资企业找到优秀农业科技创新创业项目的同时，为后期项目投资顺利进行提供保障。此后，历年的农业科技创新创业大赛在发现创业团队，引导和支持农村高技术企业做了很多工作，并协助一批高成长性的农业科技企业获得了政策、技术、人才和资金方面的支持。创新创业大赛也成为政府支持农业农村科技创业的一个工作抓手。

4.6 城镇化背景下农村科技型企业创业的问题与对策

农村创业活动与非农创业活动不同，类似行业经验、地缘优势非常重要，这意味着农村创业所涉及的很多产业知识依旧是缄默知识而不是显性知识，行业壁垒依旧较高。依靠科技的农业农村创业可以在很大程度上削弱本地化、乡土化的障碍，同时在传统农业中注入新的要素，符合发展现代农业的战略方向。这也是在新型城镇化过程中应大力鼓励和支持农业科技创业的重要原因，不过当前农村科技创业还面临一些障碍和问题，应从信息化建设、资本市场发展及农业园区建设等方面为农村科技型企业创业发展创造良好的环境。

4.6.1 农村科技创业在发展中存在的问题

当前农村科技创业企业在发展中还存在着如下几个问题。

首先，企业规模偏小，经营利润率水平偏低。企业规模受制于企业的经营管理能力、科技支撑能力、市场开拓能力等许多因素。企业创业初期往往较顺利，扩张速度也比较快，但达到一定规模后，可能会遇到很多困难，导致其规模和效益提升难度大，需要依靠企业自身提升水平，也需要政府保障良好的市场运行秩序和合理的金融支持力度。

其次，产业聚集度及三产比重仍待进一步提高。农业科技园区优势产业不够突出，支柱性企业和龙头企业不够强大，第三产业比例仍然较低，在很大程度上制约了园区和区域经济的进一步发展。特别是一些园区，产业相对分散，难以形成聚集效应，第三产业发展缓慢，与第一、第二产业及园区或区域经济发展不相适应。

再次，特色和优势产业尚待进一步形成。一个地区的特色和优势产业的形成需要较长时间的积累，从全国范围情况看，受资金投入、技术应用水平等多方面因素的影响，目前每个产业和产品的规模较小、市场竞争优势较弱，影响特色和优势产业的进一步发展和壮大。

最后，土地流转和集约化经营的体制机制尚未成熟。无论是园区还是高新技术企业的建设和发展都离不开土地，产业发展需要占用土地建设厂房，土地集约化经营也需要土地流转，当前政策中集体土地三权分立改革正在推进，有利于土地流转，但用地指标硬性约束依然存在，如何保障粮食安全的农业种植与推动农业科技企业创业发展之间需要平衡并做出开创性政策。

4.6.2 支持农村科技创业发展的政策手段

第一，加快农业信息化建设，发展农业大数据。当前我国"互联网+"农业创业模式比较单一，大多围绕电子商务模式从城—乡不同方向进行消费类创业活动。相比之下，国外农业信息化创业无论从广度上还是深度上都远超我国。这说明在"互联网+"农业创业方向上，国内还有很大的发展空间。为此，政府在继续加强网络基础设施建设、提高农村信息化水平的基础上，应加大农业大数据基础性研发工作，整合全国土壤、气候、水文等方面的数据，加强开发共享，提高实时采集与发布能力，带动相关领域的创业活动，让农业科技创业更切实地服务农业生产，改造传统农业。

第二，吸引和聚集农业科技创业企业，提升农业科技园区水平。很多农业科技园区发展定位不准，科技含量低，没有形成科技企业的良性运行平台，相当一部分农业产业园区缺乏有实力的龙头企业和农业科技企业支持，市场意识薄弱，缺乏现代企业管理制度和方法，经济效益差，投资回报率低。为了加强农业科技园区发展，应强化农业科技园区与农业科技企业的合作，进行技术集成及示范推广，拓展农业科技园区功能，确立以支撑区域现代农业为主导方向的功能定位，园区发展与区域农业特色相结合，突出地方优势，发挥农业科技园区的科技示范、推广作用。相关政府部门应该从规划入手，统筹公益性、经济性和服务性，构建多元化的农业科技园发展模式和体系，创新机制，理顺园区、政府、企业、科研单位和农民的关系。

第三，发展多层次资本市场，满足农业创业企业直接融资需求。多层次的资本市场发展为农业科技企业实现跨越式发展打开了方便之门，但直接融资市场也从运营能力、信息披露等方面对企业提出了更高的要求。政府相关部门，在制度安排上应考虑到我国农业企业发展的实际情况，在市场准入和信息披露等方面提高对农业企业的包容度，同时加强引导和宣传，鼓励农业企业借助资本市场发展壮大。充分发挥各类金融中介组织的服务作用，帮助农业企业完善公司治理，提高经营管理水平，提高农业企业规范化经营能力。同时促进农业企业与金融机构的交流和合作，推动金融机构开发针对农业企业特点的金融产品和服务，在风险控制的前提下，为农业企业发展提供融资支持，解决农业企业发展的金融束缚。

5 "互联网+"农村科技创业现状及运作机制研究

当前,互联网极大激发了农村科技创业活动,推动了涉农生产领域、交易领域、流通领域和服务领域的科技创业与创新的蓬勃发展。这一部分旨在通过案例总结分析当前我国各个领域的"互联网+"农村科技创业活动的现状及特点。研究发现涉农交易领域、流通领域的创业活动已经相当丰富,政策支持体系也比较完善;生产领域的创业主要是"互联网+"订单农业,体现出较强的面向高端市场的特点;服务领域的"互联网+"农村科技创业则表现出了市场需求迫切、市场创新活跃,而政策支持不足的特点。因此,这一部分研究提出应该进一步加强对服务领域"互联网+"农村科技创业的政策支持和进一步推动服务领域的科技创新,从而支撑下一阶段"互联网+"农村科技创业的良性发展。

5.1 互联网背景下农村科技创业的总体现状

5.1.1 生产领域的"互联网+"农村科技创业

生产领域的"互联网+"农村科技创业的主要模式是利用互联网手段实现"订单农业",一方面满足了部分消费者"农产品私人订制"的高端需求,另一方面在一定程度上增加了农产品的销售半径和消费者数量,提高了农产品交易速度,缓解了农产品产销不对称的问题。同时也有助于我国农产品生产的规模化、标准化、品牌化发展。对于生产领域的"互联网+"农村科技创业的创业者和创业企业而言,通过传统订单、"'互联网+'订单农业"、定制农业多种方式相互补充的模式下,针对不同的客户提供不同的解决方案,也能够全面地提高企业的经济效益、社会效益和生态效益。

1. 全国发展现状

当前生产领域"互联网+"农村科技创业呈现出参与主体多元化、参与形式多样化的突出特点。生产领域"互联网+"农村科技创业以农村淘宝"乡甜频道"为典型代表,同时也有部分传统企业依托互联网转型提供"订单农业"服务,也有创业者利用互联网直播平台等手段开展"订单农业"创业活动(表5.1)。也有企业创建"订单农业"互联网服务平台,为精准对接"订单农业"供需双方提供标准化服务。

表5.1 生产领域"互联网+"农村科技创业的典型案例

模式	案例	主要特色	优势
个人创业	私人订制	运用互联网直播的方式为顾客展现专属哈密瓜的生长过程	实现来源追溯,保证瓜的绿色安全,以销定产
平台	淘宝"乡甜频道"	把控农产品质量,溯源农产品,拆分农产品供应链	集聚小农户,使农产品形成规模化、品牌化
传统企业创业	黑龙江大米"订单农业"	黑龙江绿农集团和绥化市稻米香农业发展有限公司面向中高端客户提供"订单农业"服务、健康米定制服务、特色的土地认养服务	实现基于二维码的大米电商服务,针对不同的客户提供不同的定制方案
企业创业	沁坤股份服务"订单农业"	实施"永久免费入驻"的农产品电商批发市场经营方式创新,为"'互联网+'订单农业"提供具有生态成长性的载体平台	增强"'互联网+'订单农业"法律履约保障和风险转移,进行在线供应链金融服务创新

(1)依托直播平台开展生产领域的"互联网+"农村科技创业

新疆瓜农周丽娟通过互联网推出"私人订制"哈密瓜[①],在她的"私人订制"瓜田里布置了连接互联网的摄像头来展现哈密瓜的生长过程。消费者预订哈密瓜后,可以获得专属于自己的带有"身份编码"的哈密瓜,进而根据编码通过网络视频,实时查看自己预订的哈密瓜的生长情况。这种方式

---

① 资料来源于《人民日报》(2016年7月20日第10版)。

使"私人订制"哈密瓜的价格提高到普通哈密瓜的 5 倍多。

新疆瓜农的"私人订制",运用互联网直播的方式在农产品生产方面进行了创新。一方面让顾客认领自己的瓜,全程 24 小时"监护",对生产过程起到监督作用,保证了瓜的绿色健康;另一方面对于瓜农来说,有助于缓解由于信息不对称而导致优质瓜滞销的问题,并且提高了农产品价格,增加了农户收益。对于社会来说,食品安全得到保障,有利于维稳。整体上使农产品的生产步入更高级的阶段,使整个生产过程数据化,有助于农产品生产的规范化、精细化。但是这种"个人创业"的模式仍然存在一些问题,该项创业还处于初级阶段,只有少数经济状况好的农户挑选出部分农产品来做"私人订制",规模很小,大部分贫困农村的农民并不能达到"私人订制"的条件。而且对于不同层次消费者的不同主观要求难以进行准确的满足,需要对农产品等级进行更精细的划分。

(2)依托电商平台推动生产领域的"互联网+"农村科技创业

农村淘宝提出了"乡甜"计划[①],上线农产平台"乡甜"。该平台主要进行两方面的事情。第一是通过向政府寻求帮助从源头寻找有品质、可溯源的优质农产品,第二是"乡甜"通过对农产品标准的细化和产品质量的严格把控,倒逼政府、企业和农户把农产品的供应链进行详细的拆分,对采摘、挑选、分拣、运输、客服等各个供应环节进行专业化的升级和改造。承载认养、预定、周期购等农产品销售模式,真正实现订单农业"云上农村"。

"乡甜"平台帮助农户的农产品从农场直接送到终端消费者餐桌。"乡甜"的创新与新疆瓜农的"私人订制"有相似之处,一方面使消费者对于农产品的生产过程有清晰的把握,并且比"私人订制"更完善的是可以通过二维码对农产品从生产到最后上餐桌进行整个过程的追溯,对整个产业链进行把控,而不仅仅局限于田地里。另一方面该平台致力于寻找大规模农场,或者将小农户集聚,具有一定的规模水平。该模式通过消费者对农产品的反向定制影响农业生产,对各个环节的升级使得产业链更加成熟稳定,不至于受到

---

① 资料来源于《长三角新闻频道》。

一点影响就满盘崩溃,从而危害农民利益。强有力的产业链构成能够维持农产品供应的稳定,也能够促进农产品生产领域的进步。但是在执行过程中,从产地寻找规模化优质农产品并且形成产区集聚化并不容易进行。

(3)传统企业推动"二次创业"

传统企业抓住"互联网+"的机遇开展了二次创业。搭载"互联网+"的顺风车,利用先进的网络技术,结合固有的资源条件,生产出一线高端品牌农产品,并且实现了基于二维码的农产品电商服务。企业创业区别于农民自身创业,拥有更完善的技术条件和资源,也容易生产出更加优质规范的农产品,组织形式更为规范化,为农产品生产领域注入了强劲的力量,使农产品生产领域呈现出繁荣的生机。例如,黑龙江绿农集团、绥化市稻米香农业发展有限公司打造了自家高端品牌大米[①],面向中高端客户提供"订单农业"服务、健康米定制服务、特色的土地认养服务,并且实现了基于二维码的大米电商服务。

(4)构建生产领域的"互联网+"农村科技创业服务平台

沁坤股份打造的订单农业服务平台[②]为"订单农业"提供综合服务,该平台全面展示供销信息、产品信息、政策信息、服务信息等,并且引入保险、融资服务和平台交易规则。其中,最具创新的做法是线上线下融合,允许农产品商户永久免费入驻其线下电商批发市场,再凭借线上交易良性互动,从而催生"订单农业"。

沁坤股份服务平台解决了农户分散、难以形成大规模"订单农业"的难题,给予农户优惠条件将其聚集起来形成电商化的农产品批发市场,为"订单农业"提供可靠安全的农产品来源;减少了个体农户开展"订单农业"的成本,使农户获得更大收益;保险监管和融资服务解决了"订单农业"履约率偏低的问题,并且更好地拉动了订单需求;使"订单农业"信息更为完善,从而有助于提高买卖双方满意度,使得"订单农业"规模进一步扩大。

---

① 中国农业新闻网.订单农业模式遍地开花[J].新农村:黑龙江,2016(9):176-177.

② 资料来源于中国商网,网址:http://www.swing.com.

但是该服务平台线下批发市场目前涉及的农产品种类繁多,缺乏特色化农产品品牌,农产品质量、价格仍然需要统一标准,实现规范化;涉及的服务虽然广泛,但是仍然需要向高质量、精细化方向发展。

2. 区域分布情况

生产领域的"互联网+"农村科技创业数量并不多,且并没有出现集中发展的趋势。但由于生产领域的"互联网+"农村科技创业主要是以高端化运作为主,因此,在大城市周边或是农业发达的地区逐渐体现出以"订单农业"为主的生产领域"互联网+"农村科技创业。

大型企业和电商平台利用互联网技术进行创业,大力发展订单农业,并且实现农产品生产过程的可视化。东北的黑龙江省也依靠自己极具特色和规模的农产品大米开展了"订单农业"。西部的新疆少数经济比较好的农村,个体农户也走上了自己的创业之路。但是整体上生产领域的创业主要集中在东部和中部比较先进的农村。西部只有少数先进农村利用互联网进行生产领域农业创业,但是大部分农户分散且势单力薄,并没有足够的条件去走"定制化农产品"的道路。

3. 主要特点

生产领域的"互联网+"农村科技创业主要是围绕"订单农业"展开。在传统订单的基础上融入互联网的元素,致力于解决产销不对称问题,逐步做到以销定产、以需定产,并且使订单农业规模化。无论是"私人订制"还是淘宝的"乡甜频道",都有一个共同的中心就是在生产前农户已经确认了买家,收到了订单,不需要担心农产品的销售问题。

以企业和电商平台创业为主。单个农户的力量薄弱,电商平台能够把分散的小农户聚集,形成区域化供应特色农产品,有助于农户开展"订单农业",使其大规模扩展,而一些大企业能够凭借自身本来就有优势为"订单农业"注入力量。涉农生产领域企业的创新在"溯源"方面有一定难度。我国农户数量众多,单个农户的生产经营规模很小,众多农户采取小规模分散经营的方式,加大了源头质量控制的难度。所以生产领域的创业主要还是存在于规模集中化的平台和企业。

生产领域的创业注重瞄准高端市场，科技创新成为影响其发展的重要因素。在"互联网+"的大趋势下，新技术进入农业生产中，农户和企业致力于生产出特色高质量的农产品以满足部分消费者的高端需求。越来越多的高端农场及定制化服务成为趋势，实现了传统农业生产发展方式的转变。利用"互联网+"的优势打造品牌农产品，供应稀缺、特色农产品。加快发展生产领域的"互联网+"农村科技创业，要求进一步推动科技创新，更充分地将物联网、人工智能、大数据等技术应用到创业中，从而实现智慧生产、品质优化的现代农业生产。

5.1.2 流通领域的"互联网+"农村科技创业

流通领域的"互联网+"农村科技创业重点解决的是消费品下行的问题，目前的一大趋势是消费品下行速度和规模远远快于农产品上行，成为农村电商发展面临的一大挑战。同时，各大电商平台的迅速进入，导致流通领域的"互联网+"农村科技创业迅速呈现寡头垄断的市场状态，普通创业者围绕流通领域开展"互联网+"农村科技创业的空间较小，主要是以加盟的方式参与各大平台的"伙伴计划"在农村开展相关业务。

1. 全国发展现状

当前流通领域的"互联网+"农村科技创业主要分为3类。第1类是如"遂昌模式"的政府主导的创业。第2类是平台主导的创业，包括农村淘宝、京东农村、苏宁等。第3类是以加盟店形式出现的创业，如淘实惠。

赶街公司的"遂昌模式"[①]是政府主导、企业运营、社会参与的一个非常好的农村电商典范。在流通领域方面，为消费品下行创立了赶街平台。这里消费品包括农民生产所需的农资产品及生活所需的日用品，关于农资产品下行，赶街平台通过与有保障的企业合作，以自营方式为主；关于日用品等的下行，赶街平台与阿里、京东达成合作，主要工作是在淘宝和京东上进行产品二次筛选，然后推荐给农户，并且负责售后担保等。在物流

---

① 资料来源于中国产业发展研究网。

方面，赶街公司成立了自己的县级运营中心站点，将物流进一步下沉到村里，解决了"农村物流最后一公里"问题，使网购品能够顺利送到村民手里；在硬件环境方面，赶街公司依托村里的商业小店和卫生所建立村服务站点，免费为其配备电脑，与电信合作解决上网问题，培训店主做兼职服务员帮村民在赶街网上进行代购，解决了村民对于网购不熟练的问题，为村民带来了方便；在售后服务方面，赶街公司提供担保，负责退换货，解决了村民对于网货质量存疑的问题。

赶街平台有两个非常鲜明的特点，其一是不做广告和推广，所以其商品价格较低。其二是电商体系完全封闭，只有村级服务站的 ID 才能下单，产品不对外销售，有利于保障村民的独享权益。另外，在整个平台搭建过程中遂昌政府都提供了很大的帮助，专门派 1 位副县长统筹全局，为各个方面提供政策支持。这也是"遂昌模式"最突出的优点，有政府做后盾，能够顺利进行运作。缺点是培训店主进行代购的方式不够规范，店主精力有限，兼职服务效率会大打折扣。

在流通领域由平台主导的创业以农村淘宝、京东农村和苏宁为例。农村淘宝通过招募农村淘宝合伙人，并在千乡万村修建服务站点，帮助村民在网上购买商品。在物流方面，与赶街公司自行对接已有物流服务不同，农村淘宝是通过政府对快递公司的补贴，通过第三方快递公司将货物直送村淘点；在硬件环境方面，农村淘宝为农村合伙人减免前两年房租。这种做法有助于打开农村市场，但是也存在一些问题，如网货的质量及售后服务，由于淘宝产品卖家鱼龙混杂，并不像赶街平台一样经过了二次筛选，所以商品良莠不齐，产品质量方面仍然具有不确定性，依赖于买方的经验选择和卖方的诚信；售后服务也没有明确保障，村民在购买过程中应委托服务人员仔细挑选店铺；农村淘宝关于服务站点的选择也依该地区村民的经济条件和消费水平而定，很多偏远落后山村仍然无法落实网货下行。

京东农村[①]比农村淘宝更加规范化。其电商最核心的模式是县级服务中

---

① 资料来源于赢商网。

心和京东帮服务店。一个县级服务中心将管理该区域所有乡镇的合作点,通过招募乡村推广员、扩建京东物流渠道等,使京东自营配送覆盖至更广阔的农村区域,深入地解决了"农村物流最后一公里"的难题。京东帮即在县级开设"营销、配送、安装、维修"的线下店,有属于京东自身的物流配送体系,相当于京东自己在县级的旗舰店。为村民提供"一站式"服务,从帮助村民在京东购物到最后送货上门及售后服务做到全程管控。由于京东自成体系,所以比农村淘宝更加规范化,产品售后等也更有保障。物流方面自建配送团队,全程负责,使村民能够放心货物安全送到手中。

苏宁易购下沉农村,侧重于打造以大小家电为主的服务平台,拥有令人信服的质量及售后保障。但是随之产生的问题就是所提供的商品品类不如农村淘宝和京东农村广泛。实体零售出身的苏宁[①]近年来一直在加紧布局易购直营店,利用线下的优势将触角尽可能地深入农村市场。2016年苏宁斥资50亿元建立了1500家直营店。苏宁易购直营店类似于京东的县级服务站,均是由京东和苏宁自营,门店自己的经营模式也更加规范化。购买方式以网购为主,店员会引导客户体验网购、学会网购、使用网购。针对不会网购的客户,店员则可帮助其使用常规方式购买。2017年苏宁打算继打通苏宁易购线上平台、猫宁平台、线下门店平台,以及农村电商的五六级市场,并明确要求在农村市场新开1000家苏宁易购直营店。

以加盟店形式展开的创业以淘实惠为例。淘实惠的做法是首先招募县域合伙人,成立县级营运中心,然后农村乡镇网点以加盟店模式加盟县级营运中心。其中,县级营运中心的任务是整合本地县域商品供应链用以提供村民所需消费品;农村乡镇网点则通过触摸式的电子货架屏让村民自己触网购买。这种做法推动了本地商品的流通,促成了县域GDP的增长。与农村淘宝、京东农村最大的不同是,该平台是基于县域经济的电子平台,带动了县域经济转型升级,更加侧重于农村与县域经济的推动。但是最大的问题也在此处,淘实惠的规模不够大,涉及的商品也只是全国的县域产

[①] 资料来源于创业网。

品，下行到农村的产品必然会有品类少的问题。物流方面甚至面临着"农村物流多公里"的问题，而且加盟店的模式可能导致"夫妻店"的存在，降低了农村乡镇网点的规范化。

2. 区域分布情况

根据《2016中国农村电商消费趋势报告》，从网货下乡用户分布来看，江苏、河北、浙江、山东、广东、四川、河南合计下单人数占比超过50%，其中，仅江苏一省农村地区下单人数占比便超过9%。由此可以看到电商平台下沉农村创业主要集中分布在东部和少数中部地区，沿海地区经济更为发达，农村电商开展创业也更为顺利，电商平台下沉农村相对具有更为良好的条件和物流体系。

与此同时，青海、西藏、甘肃等西部地区下单人数不到1%，黑龙江等东北地区订单量也极其稀少，偏僻省份的电商开展创业面临地理位置、村民经济水平等各种难题，虽然目前服务站覆盖面广，但是远远没有覆盖到所有农村地区。

3. 主要特点

①竞争格局初步形成。流通领域的农村科技创业主要形式是电商下乡，在城市网购发展到瓶颈时期时，农村流通领域的空白使各大电商如阿里巴巴、京东、赶街公司等都纷纷抢占农村市场，为推进网货下乡做努力。

②政府支持力度不断加大。2017年中央1号文件中关于农村电商的部署相较于2016年进一步加强，指出要不断推进农村电商发展。第一，加快建立健全适应农产品电商发展的标准体系。第二，支持农产品电商平台和乡村电商服务站点建设，加强从村到乡镇的物流体系建设，实施快递下乡工程。第三，全面实施信息进村入户工程，开展整省推进示范。第四，完善全国农产品流通骨干网络，加快构建公益性农产品市场体系，加强农产品产地预冷等冷链物流基础设施网络建设，完善鲜活农产品直供直销体系。推进"互联网+"现代农业行动。农村电商地位不断提高。在政府的重视和政策支持下，电商下沉农村的速度会逐渐加快，范围也会越来越广阔，具有发展前景。

③电商进村仍存在诸多困难。首先，全国农村分散，基础设施条件存在巨大差异，电商下沉农村通常会选择基础设施建设良好的乡镇，而偏远经济落后的农村是电商进村的"绊脚石"，需要投入更多精力逐步发展。其次，互联网化程度的区别也造成了电商进村区域化的差别。物流、消费等都依托于网络，网络化程度低的农村物流无法发展，购买环节也会受到限制，"农村物流最后一公里"的问题尤其严重。最后，电商人才的缺乏也制约着电商下沉农村的速度，能力的不足难以对接大量的电商创新工作，需要做好人才培训对接工作。

5.1.3 涉农交易领域的"互联网+"农村科技创业

涉农交易领域的"互联网+"农村科技创业重点解决的是农产品上行的问题。主要模式是通过电商平台，以及微信、微博、微店"三微"平台等进行农产品推广交易，促进农产品与城市市场的对接，加快农产品交易速度，扩大农产品销售范围。

1. 全国发展现状

当前涉农交易领域的"互联网+"农村科技创业方兴未艾。从淘宝村的迅速增长到新农人群体创业的高潮，都在描绘着交易领域热火朝天的创业景象。

以淘宝村为例，淘宝村的做法是代理人利用互联网将当地集群产业的特色农产品推销进城。在2016年淘宝村数量突破了1000个，较2015年增长近1倍（图5.1），其井喷式的数量增长缩短了农村与城市的"距离"，加快了农产品进城的脚步，也体现了"草根创业"的高涨热情，同时创造了就业岗位。但是淘宝村分布集中在江浙地区，北方的大多数农村由于人口数量多、土地难以整合等因素造成淘宝村的数量稀少；截至2016年，淘宝村数量虽然大幅增长，但是却只占中国行政村的0.2%；淘宝村陷入简单复制增长的怪圈，农产品的非品牌化使淘宝村赢得数量上的优势却得不到品质上的提升，同质化现象使淘宝村不具竞争优势。

5 "互联网+"农村科技创业现状及运作机制研究

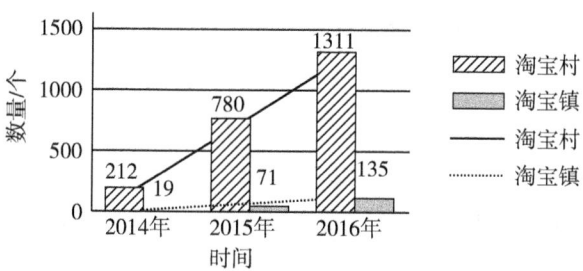

图 5.1 淘宝村、镇近 3 年数量变化

新农人成为涉农交易领域的"互联网+"农村科技创业主体。他们依靠现代科技和农业新思路进行创业,并带动农民创业。以大学生农人林锦轮[①]为例,他在家庭农场里引入农用无人机等农业科技产品,提高田间作业量,成为"全国种粮大户",后来他又挑选优质土地种植优质水稻,自己加工、创立品牌并且通过进驻电商平台的方式进行农产品交易,使农产品价格翻倍,实现农民增收;改变旧时的批发形式,减少交易环节;品牌化农产品,使特色农产品脱颖而出,大规模上行城市。目前新农人数量已经过百万人。2016 年阿里平台农产品销售额可达 938.9 亿元,较 2015 年增长 35%。农产品卖家数量可达 103.50 万家,较 2015 年增长 15%(图 5.2)。他们依托合作社和家庭农场进行规模化生产,为农村注入新鲜活力,促进农业的现代化、信息化进程;利用微信、微博、电商等平台推进农产品交易,仅阿里平台的销售额就快达到千亿元,解决了以往小农户对接大市场的难题。新农人不再是传统农民,但是新农人群体拥有的知识结构水平参差不齐,并且属于"初次试水",所以创业过程中仍需必要的技术指导、信息推介,肩负重大责任的同时需要有

图 5.2 阿里平台农产品卖家近 4 年数量变化

---

① 资料来源于晋江新闻网。

强大的心理素质来应对各种危机。

部分企业进行了"互联网+"时代农产品交易领域的二次创业。以都市安全蔬菜封闭供应链平台"农帮宝"[①]为例,通过规模联采、基地直供的创新模式,建立从产地到社区的"绿色通道",为消费者提供安全蔬菜,消费者可通过微信、PC端直接下单。企业自创交易平台,这种做法减少了交易环节,节省了物流成本,为农民让利,也确保消费者的食品安全,并且使农产品形成特色化、规模化,实现了农产品大规模进城,比个体农民创业规模更大,体系更完善,对接客户也更有针对性。但是这种模式对农村生产的规模化、集聚化有一定要求,对于一些农户分散、农产品缺乏特色的地区应用有一定困难。

2. 区域分布情况

根据阿里研究院发布的《中国淘宝村研究报告(2016)》,可以看到淘宝村主要分布在东部地区,只有少部分分布在中西部和东北地区,中西部共有25个淘宝村,东北淘宝村数量仅为5个。其中,浙江、广东和江苏的淘宝村数量位居全国前3位。可以看出农户创业主要集中在东部沿海经济发达地区。从各省市区来看,浙江省淘宝村2016年拥有量为506个,占据全国近一半。通过对东部6省淘宝村分布分析发现,淘宝村还呈现区域集聚发展态势,淘宝村在各个地区正在形成不同的集聚区(图5.3)。

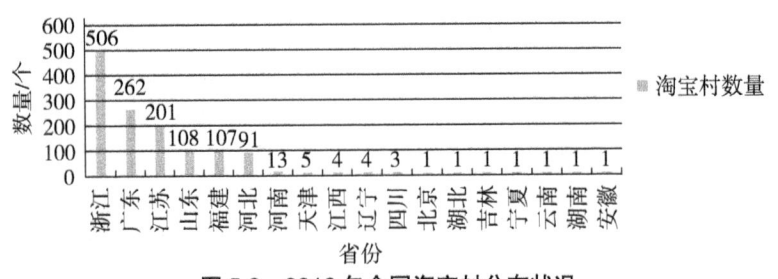

图5.3 2016年全国淘宝村分布状况

---

① 资料来源于农业部市场与经济信息司。

东部的广东省淘宝村主要集中在珠三角及东部潮汕地区；福建省主要集中在闽东南福州—泉州地区；浙江省由于基数大，分布态势广泛，密度大，温州、台州、金华、杭州等多地区都是高热点；江苏省则主要集中在苏南地区，苏北也有集聚，但密度相对较小；河北省和山东省的淘宝村分布与江浙闽粤4省相比较为分散。

从2016年的情况看，全国72%的新增淘宝村源自38个淘宝村集群（由10个或以上相邻淘宝村构成即为集群）。中国淘宝村的空间分布类型呈现出显著的集聚型分布。在2016年全国1311个淘宝村中，东部6省以外的其他省份淘宝村拥有量总和只有36个，占比不到3%。不过这3%给中西部地区和东北地区脱贫致富带来了新的动力，镇平、安图、鹤庆、南康和郧西等中西部国家级贫困县在2016年都出现了淘宝村现象。[①]

从收集到的案例看，企业和合作社的创业也集中在北京、天津、上海等东部地区。东部地区的个人和企业创业都进行得如火如荼。

3. 主要特点

涉农交易领域的创业以简化交易环节为重点，并且能够保证信息的时效性。创业者大多依托入驻或者创建自己的电商平台，直接实现农产品与消费者的对接，农产品信息的实时更新，使农产品更容易"上行进城"。虽然创业主体不同，但本质上都是降低交易成本，完善农产品信息，提高农产品定价，增加农民收入。

涉农交易领域的创业逐渐向区域化、智能化、多功能发展。农产品电商逐步在不同区域，依托不同种类农产品形成不同特色的经营态势；创业者通过微博、微信等促进农产品交易，突出了交易智能化的趋势；交易平台的创新使平台的功能越来越多。例如，农产品信息展示、农产品交易等，这都标志着交易领域的创业在向着多功能的方面发展。

涉农交易领域的创业面临交通、网络、人才、资金等多方面阻碍。农村交通的不便导致物流配送农产品受到限制；"有网可上"是农村地区开发

---

① 资料来源于新浪财经。

农产品上行互联网渠道的必经之路,农村网络覆盖率低是交易领域创业的一大阻碍;农村人口特点决定了农村互联网技术人员的匮乏,导致农产品交易缺乏得力助手;农产品开发难度大,资金回笼速度缓慢也是创业者不得不注意的难题。

5.1.4 服务领域的"互联网+"农村科技创业

服务领域的"互联网+"农村科技创业主要围绕产前、产中的信息服务,产中的农机作业服务、产后的农产品品牌服务等展开。当前,随着物联网、云计算、大数据等信息化技术在农业生产领域的运用,互联网与农业生产性服务业开始探索深度融合,涌现出了一批创业企业和创新平台,成为我国农业生产性服务业发展的新亮点。当前的创新业态主要体现为3种模式:一是围绕农资配送服务开展创新,链接农资企业与农户开展农资电商服务,减少中间环节降低生产成本,如大北农、新希望、金正大等农资企业均开始布局农资电商,淘宝网也开通了农资频道。二是利用移动互联网开展点对点的农技推广服务,为破解农技服务最后一公里提供有效解决方案。"互联网+"农技推广产生了一批新创涉农企业,如农管家、老农帮等,针对农户农技需求整合与之对接的农业科技资源,通过在线视频、问答、群组讨论的方式,提供全方位的农技服务。三是围绕农机作业服务开展创新,利用互联网对接农机作业供需双方,开展农机设备租赁、农机作业等服务。例如,京东设立"农机专营店"将线上农机销售、农机融资租赁、线下农机作业服务等相结合。兴农丰华推出基于移动互联网的农场帮,提供种子购买、农机租赁、无人机智能植保等服务。

1. 全国发展现状

产前服务领域的"互联网+"农村科技创业致力于为农户提供农资购买及种苗选择等服务,解决农户在种子和农资选择方面的实际困难。以淘宝网的农资频道[①]为例,农民可"一站式"在农资频道购买种苗、化肥、农用器

---

① 资料来源于农资市场网。

械，并获得科学的农业生产技术指导。该服务使农民快速了解各种农作物的种植前景，为农产品的生产做准备；使农户直接对接了农资售卖者，简化了购买流程；帮助农户进行种植定位，避免了盲目性，从而有一个良好的开端。

产中服务领域的"互联网+"农村科技创业主要围绕农机作业服务、信息服务等展开，依托互联网实现农业生产便利化、大幅提高农业效率。在资讯服务、气象服务、农事服务、知识服务等各个方面均有涉及。资讯服务以"新农宝"[1]为例，通过手机为帮助农户获取最新的有利于农产品生产的资讯。气象服务以"象辑"[2]为例。为农业提供定制化服务，通过天气数据和农业信息的结合，进行实时监测、智能预报，减少了气象灾害带来的农产品损失，但是并不是百分百避免灾害发生。农事服务以"农田管家"[3]为例，主要为农户和植保无人机飞手搭建交易平台，农户通过平台发布农田作业要求，飞手通过平台接单为农户提供无人机植保服务。"农田管家"起到了桥梁的作用，消除了飞手与农户信息不对称的问题，提高了田间效率，缓解了农户田间作业压力，但是仍处在发展初期阶段尚不完善，尤其因为农产品生产的季节性特点会导致农机服务供不应求，这时"农田管家"就面临着整合调度全国农机相关服务的难题。知识服务以"我会种"为例，主要致力于种植技术回答服务，为农户提供一个技术交流的平台，并且进行农业数据整合。[4]通过该平台，种植户可以形成自己的圈子互帮互助，也可以得到专业人士的回答。但是该平台对受众有一定的农技知识要求，并不是所有用户都能无障碍使用，有待进一步改进发展。

产后服务领域的"互联网+"农村科技创业以品牌营销、产品包装服务为主，实现农业产业链价值增值，促进农民增收。"本来生活网"帮助褚时健

---

[1] 资料来源于吉林新闻网。
[2] 资料来源于网易财经。
[3] 资料来源于东方财富网。
[4] 资料来源于农财网农化宝典。

将他的"云冠冰糖橙"定位在"褚橙"[①]，融入褚时健的传奇经历，"云冠冰糖橙"特有的酸甜适度配比等元素，帮助其上线售卖，由此带来农产品品牌溢价。"本来生活网"抓住了农业服务领域的商机，进行农产品品牌创新服务，助力其网上推广营销，使得"褚橙"能够进入更广阔的市场，也开启了"品牌农业"的新时代。但是"本来生活网"却只打造成功了少数名人效应品牌，对于普通农户的品牌打造存在心有余而力不足的现象。除了产后的品牌创新服务外，中国最大威客网——猪八戒网为威客和农民搭建了"农产品包装营销平台"[②]，威客根据不同农户的不同要求进行个性化定制服务，赋予不同的农产品不同的新鲜的设计，注入特有的活力。但是随着越来越多的包装服务商的出现，服务大多趋于同质化。农户很难选择适合自己的服务商。而从湖南怀化严家屋场村的"移动直播卖冰糖橙"案例可以看出，"移动直播"这场大风已经刮到农村，有专业团队在帮助农民通过"直播"的方式推广农产品。这种方式使顾客更直观地了解农产品及农户，达到快速传播的效果。但是这也对农村当地的网络环境有要求，偏远农村仍然是服务团队的难题。

2. 区域分布情况

通过相关案例的发生地点可以看出，服务业创业地域分布不均匀，"褚橙"的品牌推广公司在北京，服务平台的搭建及"移动直播卖冰糖橙"都集中在湖南，发现农业服务业创业大多集中在东部、中部经济发达地区，从事服务业创业的企业都需要有良好的经济大环境，少数存在于类似重庆的西部地区，以便于带着先进的技术去为偏僻的农村提供服务。经济水平先进地区是服务业创业的集中地。

3. 主要特点

服务领域的"互联网+"农村科技创业是发展互联网时代农业的重要切入点。依托互联网的生产性服务业和品牌创新服务业在农产品的生产、交易过程中扮演着至关重要的角色，现代农业从选种、种植到推广销售需要

---

① 资料来源于新华网云南频道。
② 资料来源于黑龙江农业信息网。

专业指导，明确分工，新型服务会使农业生产各环节事半功倍。

服务领域的"互联网+"农村科技创业当前以产前、产中服务为主，但围绕产后服务开展"互联网+"创业具有更大潜力。致力于农资、农技、农业信息的提供，促进农业生产活动的规范化、高效化，提高农户的知识水平、认知能力，解决农村获取信息不足的问题，使农民得以掌握更多先进的信息及技术，加快农业生产的步伐，使农业生产与时俱进，更为科学。

服务领域的"互联网+"农村科技创业为农户指明方向，以最快速便捷的方式服务于农村。以往农户从事农业活动具有盲目性，观念也较为陈旧，难以获得精准定位服务，人力、物力匮乏，融入互联网元素的农业服务业充当农户的谋士，根据需求对症下药，惠及大范围农户。

5.2 互联网背景下农村科技创业的典型案例——农业品牌服务创业

5.2.1 加强农业品牌化建设是农业供给侧结构性改革的内在要求

农业品牌化是农业现代化的标志，是提升我国农业竞争力的内在要求，是转方式、调结构的重要抓手。从国内看，我国农产品供求失衡问题严重，符合消费者需求的安全性高、品质感强、特色显著的好产品供给不足，而低质低价的农产品遭遇售卖难困境。根据波士顿咨询估计，到2020年，中国中产阶级的数量将增长到4亿人以上。规模庞大的中产阶级正日益成为新崛起的消费主力，而农业品牌化则成为农产品消费升级的核心诉求。从国外看，发达国家和地区越来越注重提高农业竞争力，不断加大对农业经营主体在市场领域的支持力度，以提高其竞争力、推动农业市场化进程。农业竞争力的提升是一项系统工程，从满足消费者需求的角度出发，在品牌创造的基础上实现价值增值是关键的环节。近年来，中央层面高度重视农业品牌化建设，如表5.2所示，现已出台的14份中央1号文件有7份明确提到了农业品牌化建设。就内容来看，中央对于农业品牌化建设的着力点逐渐清晰。政策关注的重点从打造企业品牌、行业名牌到建设区域农产品公用品牌，从加强品牌保护到搭建品牌服务平台。在深入落实农业供给侧结构性改革的当下，2017

年中央1号文件首次提出要加强区域农产品公用品牌建设,并突出强调电商园区的品牌推广服务。最近农业部也明确将2017年作为农业品牌推进年,进一步完善顶层设计。当前,我国农业品牌化建设迎来了难得的发展机遇,农业品牌培育方式不断创新,地方政府从引导品牌发展布局、培育品牌创建主体、构建品牌发展机制、创新品牌发展模式等方面推动农业品牌化战略落地。

表5.2 历年中央1号文件中有关农业品牌化的相关表述

时间	相关表述	要点
2005年	❖ 整合特色农产品品牌,支持做大做强名牌产品	支持农产品品牌
2006年	❖ 加快建设优势农产品产业带,积极发展特色农业、绿色食品和生态农业,保护农产品知名品牌,培育壮大主导产业	加强品牌保护
2007年	❖ 继续加强农产品生产环境和产品质量检验检测,搞好无公害农产品、绿色食品、有机食品认证,依法保护农产品注册商标、地理标志和知名品牌 ❖ 支持农产品出口企业在国外市场注册品牌,开展海外市场研究、营销策划、产品推介活动	加强品牌保护、发展品牌农业、增强国际竞争力
2013年	❖ 增加扶持农业产业化资金,支持龙头企业建设原料基地、节能减排、培育品牌	支持龙头企业培育品牌
2015年	❖ 大力发展名特优新农产品,培育知名品牌 ❖ 建立农业科技协同创新联盟,依托国家农业科技园区搭建农业科技融资、信息、品牌服务平台	首提"品牌服务平台建设"
2016年	❖ 创建优质农产品和食品品牌,培育一批农产品精深加工领军企业和国内外知名品牌	培育农产品国内外知名品牌
2017年	❖ 推进区域农产品公用品牌建设,支持地方以优势企业和行业协会为依托打造区域特色品牌,引入现代要素改造提升传统名优品牌 ❖ 鼓励地方规范发展电商产业园,聚集品牌推广、物流集散、人才培养、技术支持、质量安全等功能服务	首提"区域农产品公用品牌"建设。首次重视电商园区在品牌推广服务中的作用

5.2.2 "互联网+"精准助力大国小农走向农业品牌化

"互联网+"为农业品牌化建设迎来了大风口。农业品牌建设长期滞后是我国农业发展的明显短板。我国农业品牌建设基础差、起步晚、发展慢，一些名优特农产品的影响力仅仅局限于特定地域，缺乏跨出省、越过洋、叫得响的知名品牌。无论是一家一户的普通农户，还是农业产业化龙头企业、农业合作社、家庭农场等新型农业经营主体，普遍缺乏必要的品牌意识与规划设计，也无力承担品牌建设所需的长期人力、财力投入，往往把原料当成产品卖，把土特产当成品牌卖，一些优质农产品要么是"稀土卖成稀饭价"，要么是"酒好无奈巷子深"。

"互联网+"为各地的名优特农产品加速品牌化建设提供了前所未有的机遇，社交媒体、移动终端、电商平台极大地发挥了口碑营销与网络传播效应，低成本孵化了白市驿板鸭、涪陵榨菜、南日鲍鱼干、金沙薏米、兴化米粉等一批具有全国影响力的农业品牌，一批原本深藏闺秀人未知的地方名特优农产品通过网上地方馆、在线产业带走向千家万户。下一步"互联网+"与农业生产经营的深度融合将进一步引领农业品牌建设进入2.0阶段，一方面农业产业化龙头企业、农业合作社、家庭农场、专业大户等新型农业经营主体将不断厚植"互联网+"的平台优势，不断深化专业分工、瞄准个性需求，实际上，以"三只松鼠""三千禾""中闽弘泰"等淘品牌为代表的一批企业品牌、个人品牌开始出现；另一方面基于大数据的社会信用体系、线上线下信用评价将不断完善，为新型农业经营主体创建企业品牌、个人品牌提供良好的信用环境。

"互联网+"助力解决农业品牌化建设的痛点。当前我国农业品牌化建设的痛点有3处：一是大多数农业品牌经营管理理念落后，对品牌的认识仅仅停留在商标注册环节，农业品牌所包含的市场定位、品牌设计、品牌生产、品牌市场推广、品牌文化创建、品牌保护等现代经营理念尚未完全确立。二是尽管一些地方名优特农产品近两年已借力农村电商平台发展为全国性知名品牌，但农业品牌建设总体上仍然处于1.0阶段，现有的农业品牌绝大部分只是区域公共品牌，区域公共品牌"搭便车"现象突出，受假冒伪劣产品侵蚀风险大。三是从实地调研来看，地方政府、企业及新型农业经营主体开展农业品牌化建设的愿望非常强烈，也采取了相关措施推动品牌化建设，但最大的问题是对市场的把握不够，无法及时掌握终端消费者信息、营销方式有限、推广方式单一、缺乏农产品品牌化发展的新思维、新办法、新手段。围绕当前农业品牌化建设的痛点，"互联网+"农业品牌化服务将通过有效对接农业品牌化服务供需双方，实现农业品牌服务的专业化、系统化。根据农世界网的相关数据，2016年农业创业的特点是涉农服务业创业兴起，涉农服务业创业占比12%，仅次于生鲜电商创业（29%），与平台电商创业持平。但是当前涉农服务业创业集中在产前、产中的信息服务，如资讯服务（新农宝）、气象服务（象辑）、农事服务（农田管家）、知识服务（我会种）等创业公司，农业品牌化服务的创业企业较少，存在巨大潜力。

5.2.3 品牌化是互联网背景下国民消费的核心诉求

根据波士顿咨询估计，到2020年中国中产阶级的数量将增长到4亿人以上。规模庞大的中产阶级的突出特征之一是以深度互联网化的80后和90后为主，他们正日益成为新崛起的消费主力，而品牌化则成为国民消费升级的核心诉求。根据电子商务研究中心的数据，2016年品牌是消费者在网购中最关注的因素，影响着51.5%的网购用户的购物决策。同样的，由于农产品同质性强、产品标准化程度低、全产业链资源分散、全产品链多而不精，农产品供给更是存在难以满足个性化、品牌化消费需求的问题。有不少实证研究证明，农产品可感知的价值积极影响着消费者信任，在网购中影响更为显著。因此，在国民消费升级的背景下，农业产业链主要驱动力由生产环节、加工环节向品牌、流通等服务环节转移，品牌、流通等服务业创新对农业价值链升级的重要性也更加突出，如何以最大化表现产品质量、产品文化、产品意义，形成品牌价值的方式创新农产品供给，激活农产品潜在需求则显得尤为重要。

5.2.4 发挥市场作用，支持农业品牌化服务创新创业是当务之急

当前，中央层面高度重视农业品牌化建设，农业部更是将2017年作为农业品牌推进年，加强顶层设计。从实地调研来看，地方政府、企业及新型农业经营主体开展农业品牌化建设的愿望非常强烈，都积极制定品牌化

发展方案，但我国农业品牌化发展仍较为缓慢。根据2016年中国经济趋势研究院联合中国人民大学、零点有数公司开展的一项关于新型农业经营主体的调研数据，有84.48%的家庭农场的主要产品无品牌无认证。合作社品牌化程度也较低，平均拥有的自有品牌数不足0.4个，且在合作社拥有的品牌中以区（县）级品牌为主，占比21.8%。普通农户的品牌化程度必然更低。

究其原因，一是普通农户和新型农业经营主体参与品牌建设动力不足。我国农业具有农业经营高度分散化，农业企业"小、散、弱"的特点，无论是一家一户的普通农户，还是新型农业经营主体，普遍缺乏必要的品牌意识与规划设计，也无力承担品牌建设所需的长期的人力、财力投入。二是普通农户和新型农业经营主体普遍存在品牌经营能力不足、专业化不够的问题。虽然部分企业在推动品牌建设上走出了第一步，但由于缺乏品牌运营的专业知识，对品牌的认识仅仅停留在商标注册环节，农业品牌所包含的市场定位和品牌设计、品牌生产、品牌市场推广、品牌文化创建、品牌保护等现代经营理念尚未完全确立。三是政府推动农业品牌化建设尤其是区域农产品公用品牌，也面临着对市场的把握不够、相关人才缺乏的问题，无法及时掌握终端消费者信息，营销方式有限，推广方式单一，缺乏农业品牌化发展的新思维、新办法、新手段。

归结到一点就是当前我国农业品牌化服务供给不足、创新不够，无法满足发展需求。因此，最大化地将市场要素和人才要素引入农业品牌化服务中，有效对接农业品牌化服务的供需双方，以专业化的农业品牌化服务助力农业价值链升级，充分挖掘农产品价值，则成为进一步推动农业品牌化战略落地的关键。

5.2.5 "八戒农业"的农业品牌化服务模式

1. "八戒农业"的运作模式

农业品牌化服务的互联网创业企业较少，猪八戒网创建的"八戒农业"是一个典型代表。猪八戒网是我国"互联网+"服务众包创新创业的典型代表，平台交易品类涵盖包括创意设计、文案策划、工业建筑设计等400余种现代服务领域，2016年平台交易额达310亿元，市场占有率超过80%。2014年猪八戒网依靠其平台上1000多万服务供应商的独特优势，重点打造"八戒农业"品牌化服务创新平台。"八戒农业"通过猪八戒网全方位的资源整合能力和落地执行能力，将优质服务资源整合成服务产业链，为企业、地方政府打造农业产业品牌，提升区域经济水平及整体竞争力提供定制化的解决方案，将创意、智慧、技能转化为商业价值和社会价值。

具体而言，"八戒农业"的运作模式如图5.4所示，"八戒农业"运营团队通过了解客户需求、开展项目策划、为客户优选品牌服务供应商、与客户进行充分沟通并监督项目具体执行而实现客户品牌的全周期管理。与此同时，"八戒农业"的未来愿景并不仅限于品牌服务，而是并入"八戒中国"项目努力实现品牌服务基础上的区域经济全面发展，将包括电商通路建设、农业信息化平台建设、市场营销推广、文创农旅、线上线下销售渠道整合等一系列相关业务。

当前，"八戒农业"的服务对象包括3个层面：一是助力地方政府，设计打造县域公共品牌、提供品牌推广运作方案，并努力推动方案落地。二是助力农业企业，为企业提供品牌战略咨询及落地推广、品牌管理等全生命周期服务。包括市场调研、产品定位、消费者分析、竞争对手对比、产品文化梳理、品牌设计、技术开发、电商运营、媒体资源整合、社群营销、活动策划推广、知识产权保护、印刷、法务、金融等。三是助力"互联网+"农村创业，着力搭建深层次、多领域的农业产业链创新服务平台，依托八戒园区[①]加快培育"互联网+"创新型企业，提供创业孵化服务，助推地方一二三产业融合。

---

① 八戒园区，是2016年猪八戒网布局"百城双创"战略中"八戒中国"项目的重要部分，计划走进中国的100个城市，打造线下产业园区。八戒园区将整合猪八戒网积聚10年的知识产权、科技、财税、HR等八大企业服务平台，提供600个细分类目的诸多创意类、运营类服务。

5 "互联网+"农村科技创业现状及运作机制研究

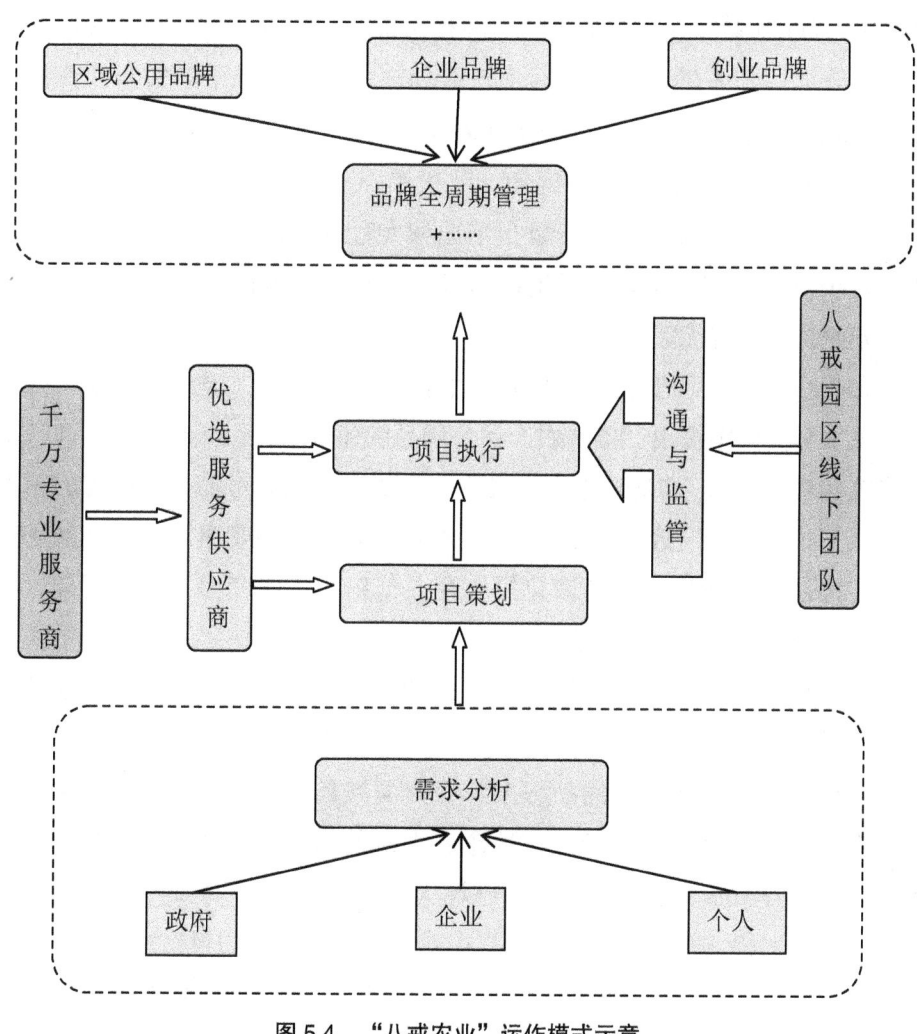

图5.4 "八戒农业"运作模式示意

2. "八戒农业"的核心优势

"八戒农业"服务平台运营1年多来，成功推动了如奉节脐橙、荣昌猪等多个区域公共品牌打造，也为葛粮、橘管堂诸多企业提供了品牌全周期服务，形成了其特有的核心优势，但也存在一些关键问题。

平台优势是"八戒农业"的核心优势之一。平台优势为"八戒农业"带来巨大的服务供应优势和大数据分析基础。当前猪八戒网注册服务供应商已超过1000万家，是全球最大的服务众包平台，能够为客户提供600多项专业化服务。服务供应商可以在项目策划和项目执行两个环节为客户提供精准服务，支撑"八戒农业"团队开展项目策划、推动品牌经营落地实施。另外，猪八戒网经过10年的运营，已积累形成亿万级服务商及案例大数据，近年来，猪八戒网专注于数据挖掘和大数据应用，在帮助政府批量扶植地方企业实现整体推进、帮助政府及企业快速精准匹配品牌化相关服务商等方面具有独特优势。

农产品公用品牌服务积累的资源优势，将成为其第二大核心优势。2017年中央1号文件中提出"推进农产品公用品牌建设……引入现代要素改造提升传统名优品牌"，这是近年来中央第1次明确强调农产品公用品牌的重要性。从"八戒农业"成立初始，"八戒农业"就敏锐地观察到政府在品牌运作和传播过程中所采用的行政化操作存在创新力和应变力不足的问题，并将"与政府合作，提供区域农产品公用品牌服务"作为"八戒农业"的重点业务。1年多来，"八戒农业"作为专业的农业品牌服务供应平台，与浙大等农产品品牌发展研究中心建立了合作关系，通过多项成功案例，在品牌创建、市场分析、区域公用品牌推广等方面均具有巨大优势，也吸引了诸多具有区域农产品公用品牌运作理念和丰富的品牌运作经验的机构加入，提高农产品公用品牌建设的主动性与效益。

线上线下相结合，实现全流程支撑是"八戒农业"的第三大核心优势。"八戒农业"利用"八戒中国"产业园区布局线下服务，大力推动线上线下相结合。"八戒农业"的定位不是品牌咨询服务平台，而是致力于通过连接线上供应商与线下产业园，成为推动品牌策划方案落地的执行者和监督者，为政府、企业和创业者提供品牌化服务的全流程支撑。

3. "八戒农业"的关键问题

在调研中了解到，由于"八戒农业"的快速发展，猪八戒网整体发展战略也有所调整，"八戒农业"服务内容迅速扩大，其运营团队难以支撑迅速扩张的发展规模，成为下一阶段持续推进的关键问题。"八戒农业"目前已全面并入"八戒中国"项目，所提供的服务将不仅限于品牌服务，而是包括区域农业全产业链解决方案、区域品牌建设整体解决方案、区域电商系统建设解决方案、农业细分领域专业解决方案、农业企业全生命周期解决方案、农业生态建设改善解决方案、休闲旅游农业建设方案和农业金融布局解决方案八大主体业务。业务内容的迅速扩大给发展初期的"八戒农业"运营团队带来了极大困难,"八戒农业"的发展方向不再以农业品牌全周期管理服务为目标,而是重新定义为现代农业全产业链综合服务双创平台,涉及农业生产、农村发展多个方面,面对不同领域的客户需求,"八戒农业"运营团队在开展需求对接、方案设计等方面明显存在能力不足、人才匮乏等问题。

另外,"八戒农业"在项目执行阶段的管理细则仍不明确,如何实现线下执行的规范化、标准化,成为"八戒农业"发展面临的另一问题。目前"八戒农业"只提出将通过八戒园区在项目执行阶段进行沟通和监管。八戒园区是猪八戒网在"八戒中国"项目下打造的O2O综合实体园区,目的是整合线上与线下的服务交易大市场,围绕双创开展创业孵化。但是目前八戒园区主要在一二线大城市初步布局,如何监管"八戒农业"在县域、农村地区的项目执行还缺乏具体框架。

5.2.6　启示与建议

农业品牌化建设是一项复杂的系统工程,它涉及农户、农业企业、行业协会、政府等多个品牌建设主体,也包含品牌意识、基础设施、农业产业化经营、质量安全、技术创新、市场推广等农产品品牌建设相关环节的完善。在互联网背景下,我国农业品牌化发展迎来重要历史机遇期。一是以"八戒农业"为例的"互联网+"服务众包创新模式的出现,使得农业品牌化服务供需双方沟通成本大幅降低,使得品牌服务供求匹配最优化成为可能。二是在农产品电子商务快速发展的背景下,农业品牌化需求呈现刚性。加快农业品牌化建设、提高农产品竞争力,不仅是供给侧改革的重要任务也是主流消费者的核心诉求。三是"互联网+"深刻融入社会发展,信息分享的便捷化、社交化给农业品牌化推广运营创造了良好环境,在实现品牌全周期管理服务方面存在诸多创新机会。

加快农业科技创新与技术有效供给，夯实农业品牌化发展基础。农业品牌化发展离不开农产品品质的提升，离不开科技创新与技术的有效供给。一是加强原始创新，强化对生物种业、智慧农业、设施农业等领域的源头创新部署。二是加强中低产田改良、经济作物、畜牧业、农产品精深加工、仓储物流等领域的科技研发，为农业持续发展提供动力。三是加快制定国家与行业标准，严格按照标准从事生产经营活动，推动农产品质量等级化、标准化、包装规格化，尤其针对生鲜农产品，要制定及完善相关的标准体系，包括生产质量安全标准、产品质量管理体系认证、食品安全管理体系认证等。

充分发挥农业科技园区在农业品牌化服务中的引领作用，为农业品牌化发展营造良好环境。一是吸引国内外农产品电子商务运营及品牌服务企业入驻，推动创业孵化、运营服务、视觉外包、产品研发、仓储物流、金融服务等电商服务业和品牌服务业发展。二是借助园区平台，培育和孵化一批农产品电子商务服务和农业品牌服务企业，充分发挥信息化技术和互联网平台的作用，拓展宣传渠道，加快提升优质农产品的品牌影响力，满足更多消费者需求。三是引导新型农业主体多层次、多渠道参与电子商务，鼓励和支持农产品批发市场开展电子商务，鼓励建设区域性、专业化的农产品电子商务平台。

大力支持"互联网+"农业品牌化服务创新创业，推动农业品牌化服务的专业化、规模化发展。培育"互联网+"农业品牌化服务的龙头企业，带动中小企业的发展，优化改造重点服务，改造完善其提供方式。培养"互联网+"农业品牌化服务的相关人才，鼓励创客围绕农业品牌化服务业开展创业活动。鼓励企业推进个性化定制、柔性化生产，推出一批新产品，满足消费者差异化需求。建立互联网大数据平台，强化消费市场运行分析，促进供给有效对接消费要求，为产品和服务创新提供支撑。鼓励地方政府制定农业品牌化建设实施和标准规则，加强政策指导和支持，加大对区域公用品牌的宣传力度。鼓励农村借助地理品牌优势，以区域为单位发展特色农产品的品牌化营销，大力发展覆盖行业全领域的细分行业品牌。

5.3 "互联网+"农村科技创业的运作机制研究

5.3.1 外部因素

1. 需求条件改变

从消费者角度来看,互联网促使消费者的消费方式和消费需求发生了变化。根据波士顿咨询估计,到2020年中国中产阶级的数量将增长到4亿人以上。规模庞大的中产阶级的突出特征之一是以深度互联网化的80后和90后为主,他们正日益成为新崛起的消费主力。消费者借助互联网的力量,已经形成聚合性的消费市场,传统的交易模式会受到严峻的挑战,交易模式不再受到区域的限制。而且消费者的需求更具个性化,对农产品质量要求更加严格。随着人们对农产品质量的关注,可追溯农产品和绿色、有机农产品生产是未来的主要发展方向,有广阔的市场前景,这对农产品的生产有更严格、更高、更具体的要求。这种需求的改变成为拉动农村科技创业的最大力量。

从农业生产者的角度来看,互联网革新了传统的信息获取方式,为生产者获利带来了更多可能。近10多年来,中央1号文件一直聚焦农村,发挥农村内在动力一直是整个国家层面的需求。信息技术的进步、信息传递手段的变革,为农村农产品产供销整个环节的创业提供了新的技术、手段与方法,互联网在提升农业生产效率和销售能力方面起着无可比拟的重要作用。单从销售领域看,传统农业生产的流通环节冗长复杂,不仅对于农产品的品质有严重影响,还在层层传送中压榨了农民的利益。"互联网+"的盛行开拓了巨大的电商市场,为农村发展提供了新的市场交易方式,网络平台销售、预售、订单销售等模式缩短了传统产业链条,可直接与消费者对接,提高了农民收益,也满足了各类消费者的个性化需求。在销售环节借助互联网挖掘有形和潜在的顾客,市场一旦形成,农产品物流运输能力也会随之提上去。此外,借助互联网优势,创业者获取信息、拓展市场等创业交易成本降低,为农村创业者提供了更多可能。

2. 国家政策推动

伴随着"互联网+"时代的到来，国家高度重视"互联网+"农村科技创业，密集出台了多项有利政策，自上而下推动互联网技术向农村渗入。一系列政策从农村创业发展宏观环境、人力资源配置、创业平台建设等各方面着手，全方位优化了农村实施"互联网+"农村科技创业的环境与条件（表5.3）。

3. 资本青睐

"互联网+"农村科技创业项目被各类电商巨头青睐，成为投资重点，农村市场成为各电商布局的重点领域。突飞猛进的互联网技术应用开启了农业领域的创业高潮。目前，我国各类涉农电商网站已达3.1万家，其中，专门的农业电商平台达到3000家。据中国食品（农产品）安全电子商务研究院发布的《2013—2014年中国农产品电子商务模式发展报告》显示，2013年农业电商大宗商品电子交易涉及酒类、农产品、林产品、牧渔产品等10多个行业，交易额超过10万亿元。不仅如此，互联网还引爆了个体农户创业高潮。据统计，截至2013年，仅在阿里平台经营农产品的卖家数量为39.40万家，涉农网店数量仍在继续保持高增长态势。2014年7月，阿里巴巴宣布启动村淘项目，即千县万村计划，旨在3～5年内投资100亿元，建立1000个县级运营中心和10万个村级服务站[①]。

随着互联网技术的发展与扩散，互联网创业进一步向产业链的每一个环节深入。根据农世界网发布的《2016年涉农创业年度报告》显示，2016年是涉农创业的转折年，农业垂直细分行业开始有人占领，以服务为目标的SaaS服务、金融、大数据、物联网等B2B创业模式开始兴起。行业分布也更为广泛，涉及生鲜行业、电商平台、涉农服务创业、科技、金融、供应链、农村电商、土地电商（图5.5）。2016年有22%的涉农创业公司已经拿到A轮，15%创业公司已经拿到天使轮，过B轮的有7%，有近20多家资本或基金关注涉农创业。

---

① 朱雯. 农村微型企业网络创业问题浅析[J]. 现代农村科技，2016（19）：4-6.

5 "互联网+"农村科技创业现状及运作机制研究

表 5.3 国家"互联网+"农村科技创业相关政策

发文时间	发文单位	政策名称	相关内容	关键要点
2015年4月	商务部	《2015年电子商务工作要点》	推进电子商务进农村综合示范,支持电子商务企业、供销社、邮政及大型龙头流通企业建设改造农村电子商务配送及综合服务网络,促进电子商务在工业消费品、生产资料下乡和农产品、特色产品进城双向流通网络中的应用。多渠道培训农村电子商务从业人员和消费群体,支持农村青年和返乡大学毕业生网上创业	促进消费品、农产品依托电子商务流通,支持农村青年和返乡大学生创业
2015年5月	国务院	《关于大力发展电子商务加快培育经济新动力的意见》	积极发展农村电子商务,多部委要积极开展电子商务进农村综合示范,推动信息进村入户,利用"万村千乡"市场网络改善农村地区电子商务服务环境。积极探索建立生产性服务平台,面向初创企业及创意群体提供设计、测试、生产、融资、运营等创新创业服务	改善农村电子商务环境
2015年6月	国务院	《关于支持农民工等人员返乡创业的意见》	强调要继续深化和扩大电子商务进农村综合示范县工作,推动信息入户,引导鼓励电子商务交易平台渠道下沉,带动返乡人员依托其平台和站点网络经营创业	鼓励返乡人员依托商务交易平台创业
2015年6月	国务院	《"互联网+"行动指导意见》	利用互联网提升农业生产、经营、管理和服务水平,培育一批网络化、智能化、精细化的现代"种养加"生态农业新模式,形成示范带动效应,加快完善新型农业生产经营体系,培育多样化农业互联网管理服务模式,逐步建立农副产品、农资质量安全追溯体系,促进农业现代化水平明显提升	利用互联网提升农业现代化水平

续表

发文时间	发文单位	政策名称	相关内容	关键要点
2015年11月	国务院	《国务院关于大力推进大众创业、万众创新若干政策措施的意见》	支持电子商务向基层延伸。引导和鼓励集办公服务、投融资支持、创业辅导、渠道开拓于一体的市场化电子商务交易服务平台发展。鼓励龙头企业结合乡村特点建立电子商务交易服务平台，推动农村依托互联网创业。鼓励电子商务第三方交易平台渠道下沉，带动城乡基层创业人员依托其平台和经营网络开展创业	鼓励一体化网商创业平台建设
2016年3月	国务院	《政府工作报告》	发挥大众创业、万众创新和"互联网+"集众智汇众力的乘数效应。打造众创、众包、众扶、众筹平台，构建大中小企业、高校、科研机构、创客多方协同的新型创新创业机制，建设一批"双创"示范基地，培育创业服务业，发展天使、创业、产业等投资	鼓励释放全社会创新创业潜能，着力实施创新驱动发展战略
2017年2月	国务院	《关于深入推进农业供给侧结构性改革加快培育农业农村发展新动能的若干意见》	推进农村电商发展。建设现代农业产业园。鼓励农户和返乡下乡人员通过订单农业、股份合作、分享收益，参与建设。提升农业科技园区建设水平。科学制定园区规划，突出科技创新、研发应用、试验示范、科技服务与培训等功能，建设农业科技成果转化中心、农村科技人员创业平台、高新技术产业孵化基地，打造现代农业创业高地	明确创业方式，鼓励创业平台建设

5 "互联网+"农村科技创业现状及运作机制研究

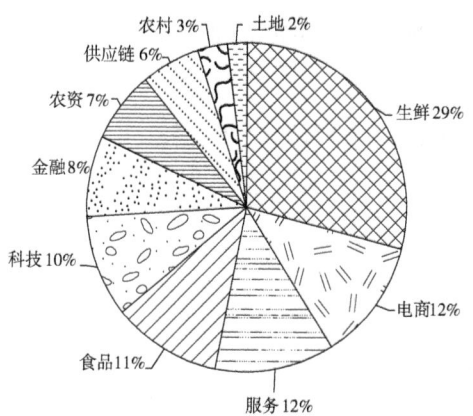

图 5.5　2016 年涉农创业公司行业分布

4. 创业基因植入

2015 年农村互联网发展状况报告显示，2015 年农村地区互联网普及率达到 32.3%，中国农村网民规模达到 1.95 亿人，同比增长 9.5%，农村网民中使用手机上网的用户也已经达到 1.7 亿人，占农村网民的 87%，互联网为农民创新创业提供了广阔空间[①]，以互联网为代表的信息化技术的高速发展，为农村科技创业营造了新环境、注入了新"基因"[②]。这一基因促成了创业模式的创新，为农村科技创业提供了更多的挑战与机遇。

首先，互联网的注入深刻地改变了农产品产供销的所有环节，衍生出新形式、新特点。新"基因"注入后衍生的多种行业为创业者提供了更多创业机会。例如，产前的农资服务相关创业，产中的农机、农营、农技服务相关创业，产后的农产品电商、农业品牌创意咨询服务相关创业等。其次，互联网技术还加速了农业服务从简单的信息指导到生产、交易服务领域的深度拓展。农产品电商行业的火热促使电商服务商开始试水农业，为农产品网商提供专业化的服务。另外，诸如客服外包的电商服务商、主打

---

① 王武强．"互联网+"与现代农业 [J]．中国农村科技，2016（12）：36-37．
② 汪向东．互联网背景下，农村科技创业 [J]．中国农村科技，2014（8）：28-29．

地方农特产品和旅游资源的本地化综合服务商也开始兴起[①],目前已经有众多创业者利用互联网进行创业并获得可观的收益。

为了创造创业基因植入的有利环境,国家尤其重视创业平台的建设。各种产业园区、创业平台、高新技术产业孵化基地的打造加速了创业基因的形成与植入。

5.3.2 内部因素

1. 地方政府高度重视

从地方政府层面看,随着中央的号召及政策的出台,全国各地市也出台了相关的政策措施,纷纷将"互联网+"农村科技创业作为"双创"活动的重要抓手,通过整合多重资源为农村创业提供全方位服务。在政策导向上都基于激发农村活力,鼓励农村创业,但是在政策细节上各有侧重。例如,安徽省出台的《"创业江淮"行动计划(2015—2017年)》主要侧重鼓励农民工发展农民合作社、家庭农场等新型农业经营主体,从事农产品加工、休闲农业、乡村旅游、农村服务业等劳动密集型产业项目,支持农民网上创业,大力发展"互联网+"和农村电子商务。而江苏省出台的《关于支持农村电子商务创业就业工作的意见》主要通过提供补贴吸引人才,提出对农村劳动者、返乡农民工、在校大学生和毕业5年内大学生、退役军人等创办农村电商企业的,按规定享受创业担保贷款和贴息政策。对正常运营6个月以上的农村电商企业,按规定给予一次性创业补贴,并按吸纳人员就业情况给予创业带动就业补贴。陕西省出台的《关于深入实施农村青年电商培育工程的意见》则主要突出对青年创业人员的培训与资金支持。提出力争每年培训电商创业青年3000人次以上,建设基层电商服务站点2000个,信贷金融支持300名电商创业青年。其他地区也都出台了相关政策从不同角度支持在农村的创新创业活动(表5.4)。

---

① 《中国农村科技》编辑部.互联网时代,农村科技创业大有可为[J].中国农村科技,2014(8):24-27.

表 5.4 各地"互联网+"农村科技创业相关政策

时间	地方	政策名称	相关内容
2015年	安徽省	《"创业江淮"行动计划（2015—2017年）》	鼓励农民工发展农民工合作社、家庭农场等新型农业经营主体，从事农产品加工、乡村旅游、农村服务业等劳动密集型产业项目。支持农民网上创业，大力发展"互联网+"和农村电子商务
2015年	陕西省	《关于深入实施农村青年电商培育工程的意见》	通过技能培训、金融支持、领建站点、跟踪服务等方式支持年龄40岁以下、有志于从事农村电商事业的青年就业创业，推动全省电子商务发展。团省委、省商务厅将从4个方面全面推动青年创业，力争每年培训电商创业青年3000人次以上，建设基层电商服务站点2000个，信贷金融支持300名电商创业青年
2015年	江苏省	《关于支持农村电子商务创业就业工作的意见》	农村劳动者、返乡农民工、在校大学生和毕业5年内大学生、退役军人等创办农村电商企业的，按规定享受创业担保贷款和贴息政策。对正常运营6个月以上的农村电商企业，按规定给予一次性创业补贴，并按吸纳人员就业情况给予创业带动就业补贴
2015年	台州市	《关于促进农村电子商务创业解化园的通知》	到2020年，实现"七个一"目标：即全市扶持电子商务人才2万人，培养和引进电子商务人才2万人，带动就业3万人，扶持2000家农村电子商务服务站；每县（市、区）至少建立1家县级电子商务服务平台，1个农村电子商务解化园，创建1家以上省级电子商务创业解化园；农村电子商务配套开发1个以上公益性岗位；整合农村电商扶持资金1亿元。全市电子商务服务体系初步建成
2016年	日照市	《关于促进大学生到农村创业的实施意见》	开展大学生到农村创业专项教育，加强农村大学生创业培训，提升大学生到农村创业能力。推动建设一批大学生农村创业平台，鼓励现有大学生创业平台向涉农方向转型发展，扶持打造大学生农村创业特色产业群，推动农村电商平台和物流网络建设，多渠道提供资金扶持
2016年	杭州市	《关于促进农村电子商务创业就业的通知》	制定农村电商一次性创业补贴、农村电商社保补贴、创业带动就业补贴、农村电商企业招用高校毕业生补贴、农村电商服务站综合补贴等一系列扶持政策，助推农村电商发展，整合农村创业就业资源，推动农民工、大学生"触网"创业就业新模式

2. 平台建设

为给农村创业人员提供有利的创业环境，各部委开始重视创业平台的建设。例如，为了促进返乡下乡人员创新创业，2016年12月在《农业部办公厅关于建立全国农村创新创业园区（基地）目录的通知》中，进行专门部署安排。该通知提出，要通过逐步培育一批功能定位准确、带动能力强、影响力大的农村创新创业园区（基地），进一步增强各方面支持返乡下乡本乡人员创新创业政策的引导性、精准性和协同性，形成统一的信息服务窗口，并以目录形式每年向全社会公布和推介，适时遴选一批全国优秀农村创新创业示范园区（基地），推动返乡下乡本乡人员创新创业集群发展。同时强调，全国农村创新创业园区（基地）应是现有各类经各地政府正式批准设立的农村创新创业示范园区（基地）中能够落实各级政府及有关部门支持农村创新创业的政策，应具有相对齐全完善的基础设施和公共服务设施，能够为返乡下乡本乡人员创新创业提供创业辅导、融资担保、管理咨询、事务代理等服务，应有固定的办公场所和健全的管理制度，且运营状况良好。

科技部也重点推动建设新型农业创新创业的一站式开放性综合服务平台——"星创天地"。"星创天地"是将众创空间引向农业农村，以农业科技园区、新农村发展研究院、科技特派员服务站等为载体，由政府引导支持，企业和社会按照市场机制运作，利用线下孵化载体和线上网络平台，为科技特派员、农村中小微企业、返乡农民工、大学生等提供创意创业空间、创业实训基地，构建科技咨询、质量检测、科技金融、创业培训和辅导、管理、法律、财务等一站式开放性全方位新型综合服务体系[①]。科技部制定的《发展"星创天地"工作指引》中，提出"星创天地"要具备"互联网+"网络电商平台（线上平台）。通过线上交易、交流、宣传、协作等，促进农村创业的便利化和信息化，推进商业模式创新。

2017年中央1号文件也强调要提升农业科技园区建设水平。科学制

---

① 王勇德，尹希果. 重庆市农业星创天地可持续发展机制与模式探索[J]. 中国农村科技，2016（7）：48–53.

定园区规划，突出科技创新、研发应用、试验示范、科技服务与培训等功能，建设农业科技成果转化中心、科技人员创业平台、高新技术产业孵化基地，打造现代农业创新高地，为农村创新创业平台建设提供了有力的政策保障。

3. 人才因素

在我国 4.8 亿农村劳动力中，小学文化程度以下的占 40%，初中文化程度的占 48%，高中文化程度的占 12%，受过职业技术培训的农民不足 5%，受过技能培训的仅仅 1%，仅依靠农村内部劳动力实现"互联网+"农村科技创业产生与发展必然是缓慢的。而在以往政策的推动下，农村已经集聚了一批农村科技创业的生力军。如 2009 年由科技部等八部委启动科技特派员农村科技创业行动以来，科技特派员创业服务队伍日益壮大，超过了 72 万人，截至 2013 年 9 月，科技特派员共形成利益共同体 5 万多个，创办企业 1.5 万多家，实施科技开发项目 4.5 万项，创业获利 400 多亿元，辐射带动农民 6000 多万人。推进科技特派员农村科技创业行动，有力地加快了科技要素向农村转移，带动了金融、管理、信息等生产经营要素向农村聚集。而且，在互联网时代，传统商业模式已经对市场表现出极大地不适应性，而在互联网背景下成长起来的大学生能够对新的商业模式充分利用与挖掘，根据《2014 中国大学生村官发展报告》数据显示，2013 年，全国有 3 万多名大学生村官扎根基层参与创业，领办创办创业项目 2 万多个，领办合办合作社 5204 个，为农民提供就业岗位 26.6 万个。

随着"双创"政策的推动，"互联网+"项目成为众多高人力资本者创业的首选。在新背景下，为进一步鼓励创业人才进农村，国务院出台了《关于支持返乡下乡人员创新创业促进农村一二三产业融合发展的意见》，其中主要任务即包括鼓励和引导返乡下乡人员结合自身优势和特长，根据市场需求和当地资源禀赋，利用新理念、新技术和新渠道，开发农业农村资源，发展优势特色产业，繁荣农村经济。可见发展"互联网+"农村科技创业已经具备了一定的高素质人才，而且在政策推动下会有更多人才加入到这一队伍中来。

4. 集群式发展

2015年7月23日，工信部发布了《工业和信息化部关于进一步促进产业集群发展的指导意见》，明确要求实施"互联网+"产业集群建设行动。集群式发展能够寻求更大范围、更具深度、更有效率的要素共享模式。以县域电子商务和淘宝村带动形成的农村电商集群，不仅创造直接就业机会，并且带动上下游产业发展，进一步创造间接就业机会，已成为促进农村经济发展的有效模式。由阿里研究院和阿里新乡村研究中心联合发布的《中国淘宝村研究报告（2016）》显示，与2015年相比，在2016年新增的淘宝村中，约72%源自38个淘宝村集群，反映出强劲的集群带动效应。截至2016年8月底，全国淘宝村个数首次突破1000大关，达到1311个，广泛分布在18个省市区，淘宝镇也已经达到135个（图5.3、图5.6、表5.5）。

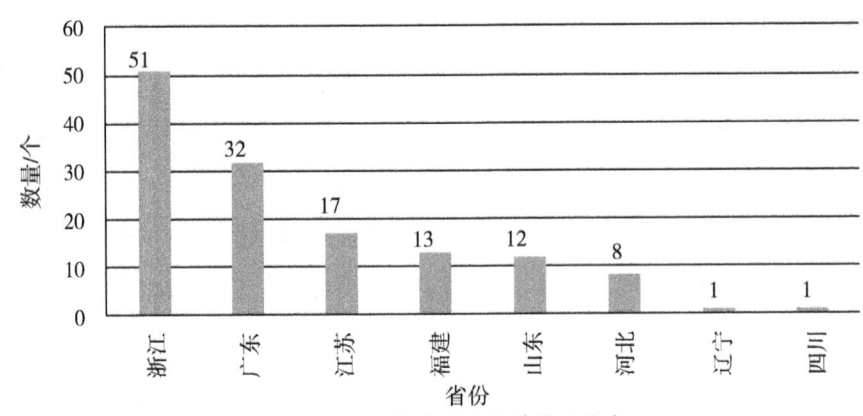

图5.6　2016年全国淘宝镇地理分布

数据来源：阿里研究院和阿里新乡村研究中心，2016。

表5.5　2016年中国十大淘宝村集群

排序	县（市、区）	省	淘宝村数量/个
1	义乌市	浙江	65
2	温岭市	浙江	54
3	曹县	山东	48
4	普宁市	广东	48

续表

5	睢宁县	江苏	40
6	晋江市	福建	32
7	白云区	广东	32
8	番禺区	广东	32
9	沭阳县	江苏	31
10	瑞安市	浙江	30

数据来源：阿里研究院和阿里新乡村研究中心，2016。

同时，报告显示淘宝村已经孵化了大批草根创业。一个淘宝村就是一个草根创业孵化器，截至2016年8月底，全国淘宝村活跃网店超过30万个，电子商务已经成为草根创业的重要方向。例如，江苏省沭阳县拥有31个淘宝村，吸引了众多大学生、退伍军人、外出务工人员等返乡创业，截至2016年3月，全县共4700余人返乡创业。广东省汕头市的58个淘宝村大多是基于当地支柱产业，吸引了众多外地创业者入驻。不论是村民返乡创业，还是外地创业者入驻，都显示出了这些淘宝村对创业者拥有巨大的吸引力。同时，淘宝村创造规模化就业机会。数据分析结果显示：淘宝村平均每新增1个活跃网店，可创造约2.8个直接就业机会。按此估算，截至2016年8月底，全国淘宝村活跃网店直接创造的就业机会超过84万个。例如，江苏省睢宁县拥有40个淘宝村，电商创业带动就业效果显著。截至2016年9月，全县共有30 289个网店，直接带动就业约8万人，间接带动就业约13万人。其中，从安徽省、河南省等地来睢宁县就业的约2万人。

除了数量的增长，淘宝村逐渐形成了集聚发展的趋势，不同的淘宝村根据自身资源禀赋形成了不同特色的发展模式，促进本地产业转型，与本地经济深度融合。例如，浙江省遂昌县形成了"电子商务综合服务商＋网商＋传统产业"的遂昌模式，带动了县域经济的迅速发展。沙集模式也由开始的"农民自发创业＋政府引导服务"发展为"网络＋公司＋农户"形式，发展成为年销售额超15亿元的电子商务示范基地。

5.3.3 "互联网+"农村科技创业要素作用机制

国家和地方政府自上而下推动了"互联网+"农村科技创业的发展，提供了有利的政策支持与创业大环境，不仅提高了创业的积极性，而且是"互联网+"农村科技创业能否成功的主要宏观因素。资本、创业基因、人才、平台是科技创业发生的微观因子条件，四者有机整合，相互嵌入才能催生出"互联网+"农村科技创业的新型模式，而集群式发展是该模式进一步发展与深化形成的中观层面的理想状态（图5.7）。总体来讲，"互联网+"农村科技创业应该是国家宏观环境、集群与集群内部微观因子相互作用的结果，任何一个维度的缺位都会影响"互联网+"农村科技创业的健康成长。

宏观层面：消费者需求给创业者带来了机会和创新的压力，催生了创业家的创业意识与热情。整个国家的宏观政策为"互联网+"农村科技创业打下了良好的基础，除了中央层面政策上的关注，各个省区也出台了多部地方政策来助力互联网技术下的农村科技创业行动，从制度、人才、资金、技术等多重层面优化农村创业环境。国家能否为"互联网+"农村科技创业的发展保驾护航是创业成功的关键因素。

微观层面：资本青睐促进了科技、知识、人才向农村地区的集聚，同时促进了物流网络、村级服务站的快速布局，增强了农村地区发展的内在动力，既是农村科技创业的激发者更是农村科技创业的引领者。创业基因的植入是引发创业形式改变的直接原因。在互联网技术的引领下，我国农村科技创业迎来了新的契机，颠覆了传统的创业模式。新基因的植入催生了产前的农资服务相关创业，产中的农机、农营、农技服务相关创业，产后的农产品电商、农业品牌创意咨询服务相关创业等。大学生村官、科技特派员及返乡农民工等高人力资本的人才作为"互联网+"农村科技创业的主体，普遍拥有较高的文化程度，具有经营管理知识，了解互联网应用，具有创新创业的潜力。在"互联网+"农村科技创业模式中充当了创业先锋与引领者，带动当地创业者的创新创业。农村创新创业园区（基地）、"星创天地"等平台作为农村科技创业的孵化器，为创业主体提供了创意空间、创业基地。作为一种全方位新型综合服务体系，通过平台提供集中服务，如通过平台信息化方式获得创业知识，解决农产品销路等，缓解了农村资源分散、信息匮乏的问题，提高了创业的效率与运营水平。

中观层面：作为微观因子的有机组合，"互联网+"农村科技创业集群式发展是一种理想的创业发展模式。波特的价值链合作竞争理论认为，现代经济中企业与企业之间的竞争已不再是某个环节的竞争，而是整条价值链与产业集群网络之间的竞争。产业集群可为产业的发展提供各类专业化服务，包括金融服务、中介服务、交通服务、人才服务、信息服务、基础设施服务等，从而集群的发展可以形成规模经济。总体来说，通过形成集群式发展，有助于促进信息化与农业产业化的深度融合，充分利用要素共享与能力协同的集群竞争优势，实现资源的汇聚与整合，形成集群范围内的要素共享，从而优化了资源的配置，降低了资源搜寻与调用成本，为集群内部的发展主体带来竞争优势。培育具有竞争力的集群发展模式是一项复杂的系统性工程，需要宏观环境的引导与支持，也需要微观因子的有机组合。

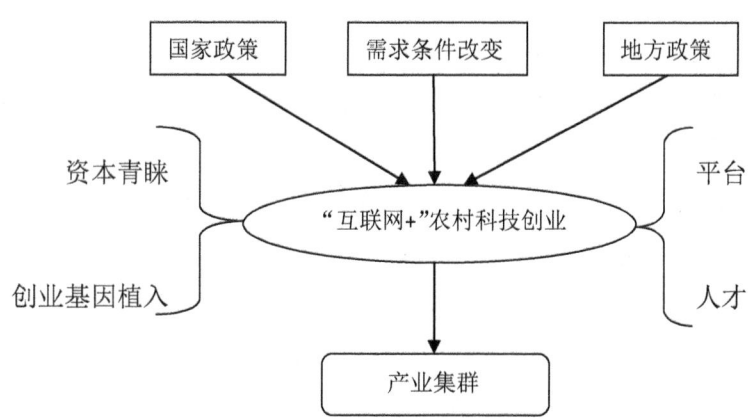

图 5.7　"互联网+"农村科技创业要素作用机制

5.4 我国"互联网+"农村科技创业面临的挑战

5.4.1 农产品商品运输成本仍然过高

由于我国大多数农产品商品价值较低,相比较而言,运输成本就显得过高,有的产品甚至超过商品自身成本。从这个角度来看,"互联网+"农村科技创业的发展,尤其是围绕农产品交易开展的创新创业,不仅没有降低农产品销售的流通成本,甚至会增加流通成本。对创业企业来说,无法降低流通成本意味着无法提高效率,将给创业企业带来致命的损失。有关报告数据显示:目前国内农产品电商平台4000家中仅有1%盈利、7%巨亏、88%略亏、4%持平[①]。

5.4.2 农产品标准化、品牌化发展滞后

农产品标准化低导致我国农村电子商务高端化发展困难。农产品电子商务对农产品的质量安全和标准化有着比传统渠道更高的要求,而我国农产品从生产、加工再到销售整条产业链中标准化程度都偏低。农产品标准化偏低影响客户黏性,直接决定了电子商务的运营状况,制约我国农村电子商务高端化发展。另外,其周期性和价格波动性强的特点,使得订单农业难以形成,俏销农产品不受订单限制,滞销农产品过多地依赖订单农业,导致市场波动性较大,生产者、经营者、消费者利益均不稳定,难以形成一种协同关系,使优质的"三品一标"农产品卖不出好价钱。同时,许多农产品的安全性不高,农药残留、激素残留等不安全因素还大量存在,"三品一标"产品数量及其比例较低。这些问题都困扰着农产品电商的发展。2015年农产品电商不断增长,相关电商平台已超过4000家。但是目前存在的突出问题是:趋同投资、重复建设非常普遍,同质化非常严重,导致竞争无序、亏损经营、建站与关站并存。

---

① 数据引用自中国商报,网址:http://finance.chinanews.com/cj/2016/03-28/7814624.shtml。

5.4.3 流通领域"互联网+"农村科技创业基本形成寡头市场格局

当前流通领域的"互联网+"农村科技创业已经基本形成"两超—多强—小众"的扭曲的"寡头市场"格局，除了阿里系、京东系外，其他流通领域的农村电商主要受两大电商影响，围绕流通领域开展"互联网+"农村科技创业想要突出重围的难度非常大。由于"淘宝村"模式的电子商务门槛低和可复制性强，大部分网商、网户还是以家庭作坊为主，创新能力不足，产品同质化现象严重，经营随意性大，品牌意识相对淡薄，抵御市场风险能力差，网商之间沟通协调差，缺少设计能力和知识产权保护意识，互相抄袭、恶意竞争现象突出，"小众创业"困难重重。

5.4.4 个体农民"互联网+"农村科技创业获利困难

农村电商准入门槛相对较低，不受时间、地域、资金的限制等特点为"淘宝村"的发展提供了沃土。因此，我国个体农民创业，以电商为主。从农民触网的情况来看，数字鸿沟依然存在。尤其是发展较为滞后的中西部地区，互联网意识的普及、网络使用习惯的培养等都面临着严峻挑战。从参与农村电商的农户的组织化程度来看，依然偏低。2013年年底，入驻淘宝的合作社数量为338家，相比淘宝网的203.9万个农村卖家，这个数量太少。农民电商组织化程度低，一方面容易受到平台流量的制约，造成店铺等级偏低，关注度不够，难以盈利。另一方面影响农产品电商的标准化、品牌化进程，造成农产品电商低水平竞争，获利困难。从与农村电商发展相关的服务业发展的情况来看，当前电商运营、推广、美工等方面专业人才的匮乏，成为制约给个体农民参与"互联网+"农村科技创业的一大难题。

5.4.5 围绕生产性服务业开展的"互联网+"农村科技创业仍需大力支持

我国农产品电子商务作为农业生产性服务业中与互联网融合最早的部分，从实践到政策均已取得了阶段性成果。2014年我国有各类涉农电商3.1万家，其中，涉农现货交易类电商有近4000家。根据《2014—2015中国农产品电子商务发展报告》的统计数据，涉农电商包括网络期货交易电商、大宗商品交易电商、涉农现货交易电商（网络零售交易），农产品网络零售交易额超过1000万亿元。同时国务院与各部委也高度关注农业领域"互联网+"新业态的发展，"自上而下"助推农村电子商务的发展，2015年围绕农村电子商务密集出台了12份政策文件，2016年中央1号文件也4次提及农村电商发展问题，提出了农村电商落地的具体措施。

当前，随着物联网、云计算、大数据等信息化技术在农业生产领域的运用，互联网与农业生产性服务业开始探索深度融合，涌现出了一批创业企业和创新平台，成为我国农业生产性服务业发展的新亮点。当前的创新业态主要体现为3种模式：一是围绕农资配送服务开展创新，链接农资企业与农户开展农资电商服务，减少中间环节降低生产成本，如大北农、新希望、金正大等农资企业均开始布局农资电商，淘宝网也开通了农资频道。二是利用移动互联网开展点对点的农技推广服务，为破解"农村物流最后一公里"提供有效解决方案。"互联网+"农技推广产生了一批新创涉农企业，如农管家、老农帮等，针对农户农技需求整合与之对接的农业科技资源，通过在线视频、问答、群组讨论的方式，提供全方位的农技服务。三是围绕农机作业服务开展创新，利用互联网对接农机作业供需双方，开展农机设备租赁、农机作业等服务。如京东设立"农机专营店"将线上农机销售、农机融资租赁、线下农机作业服务等相结合。兴农丰华推出基于移动互联网的农场帮，提供种子购买、农机租赁、无人机智能植保等服务。

5.5 启示与建议

在壮大现代农业发展新动能的当下，科技部应充分利用已有资源和工作基础，加快推动互联网等信息技术与农村科技创业的充分融合。与此同时，由于"互联网+"农业生产性服务业的市场创新不断，围绕农村电子商务发展已出台多项政策措施。科技部应该将服务领域的"互联网+"农村科技创业作为政策扶持重点，下一阶段应重点对服务领域的"互联网+"农村科技创新创业给予政策支持，加快互联网与农业生产性服务业的深度融合。

5.5.1 从基础设施角度，创新政府供给

在农村信息化建设的基础上，当前各地已建成了一批农业生产性服务信息平台，如农技 110、星火 12396、农业信息网等。但平台过多造成资源分散，同时尚未成功建立与农户的有效沟通机制，难以及时、准确地满足农户生产需求。建议将原有的公益性农业生产性服务业相关的信息化平台进行整合，运用物联网、云计算、大数据等信息化手段，进一步建立功能齐全、信息完备、高效共享、反馈灵活的农业生产性信息服务平台，主要用于农业预警、市场趋势预测等农业信息服务。同时鉴于服务领域的"互联网+"农村科技创业的创业企业在及时、准确对接农户需求方面有突出优势，可考虑采取政府购买公益性服务的方式，购买机制合理、效果良好的"互联网+"农业生产性服务，鼓励支持企业成长。可通过试点，进一步探索购买服务内容、承接主体资质、购买服务程序、服务绩效评价和监督管理机制等方面的有效做法。

5.5.2 从财政金融角度，创造政策环境

可考虑设立服务领域的"互联网+"农村科技创业专项资金（基金），采用政府投入、后补助、贴息贷款、公私合作（PPP）等多种形式，鼓励社会资本进入服务领域的"互联网+"农村科技创业领域。可考虑通过税收优惠、财政支持等方式鼓励涉农企业依托互联网转型升级，创新经营管理方式，有效对接市场需求和农业生产，在农业生产性服务业的供给创新中起到示范引领作用。同时鼓励服务领域的"互联网+"农村科技创业相关企业把其交易服务场景和农民的金融服务需求联系在一起，开展互联网金融创新，以弥补商业银行农业信贷的授信方法落后、授信额度不足、难以满足农业生产的资金需求等弊端。

5.5.3 依托"星创天地"，打造新型创业服务平台

将"星创天地"定位为服务领域的"互联网+"农村科技创业新型创业服务平台，将现有资源进行整合，为科技特派员、农村中小微企业、返乡

农民工、大学生等提供"互联网+"农业生产性服务业的线下创业孵化服务，融合农业科技金融、"互联网+"创业培训和辅导、管理、法律、财务等服务，构建"互联网+"农业生产性服务业新型创业服务平台。

5.5.4 依托新型农村科技创业服务体系开展培训，提高农民信息利用能力

农民信息利用能力的提升是服务领域的"互联网+"农村科技创业的发展基础，也是当前服务领域的"互联网+"农村科技创业的难点。以科技特派员和新农村发展研究院为支撑的新型农村科技创业服务体系天然地具有联系分散农民、开展专业培训的优势。可考虑将新型农村科技创业服务体系作为推动基层服务领域的"互联网+"农村科技创业发展的重要抓手，组织开展"互联网+"技术培训，进一步推动农民及新型农业经营主体信息利用能力的提升。一方面通过技术培训和农业产业化培训，建立农户质量意识、品牌意识；另一方面通过互联网应用培训，指导农户利用互联网开展农技咨询、农资农技服务购买、农机购买租赁、农产品销售等。

6 贫困地区科技创业机制研究

6.1 引言

十八大以来,推进贫困地区脱贫致富、加快发展成为各级政府工作的重中之重,政府部门、专家学者、社会各界提出了许多有针对性的扶贫开发战略,全社会共谋扶贫大计的局面业已形成。在这其中,科技扶贫、创业式扶贫一直是各部门开展扶贫工作的重要抓手,在增强贫困地区发展能力、实现可持续发展中取得了显著成就,在这个基础上,一些地方开始探索将科技与创业结合起来,将发达地区的科技创业模式移植到贫困地区,通过外力植入的方式,增强贫困地区的"造血"能力,实现精准扶贫。

在贫困地区开展科技创业,一方面增强了贫困地区相对贫瘠的资源的开发效率。按照新古典经济增长理论,科技是经济增长的内生动力,其通过提高传统要素的生产率,拉动经济增长,在资源稀缺的约束下实现经济的可持续增长。贫困地区的资源要素,既存在着总量上的相对稀缺,又存在着开发不足的问题,通过科技要素的内生化,实现科技与创业的有效结合,可以大大提高贫困地区生产要素的市场使用效率,可以在一定程度上降低现代生产资源约束,可以帮助贫困地区在人民生活水平上实现"弯道超车"。另一方面科技创业在贫困地区蕴含着更高的社会价值。科技创业对于贫困地区的经济带动显而易见,其背后蕴含的社会价值更高。近些年来,贫困地区的农村在现代商业文明的冲击下越发凋零,农村人口的外流加速了农村的衰落,经济意义上的帕累托最优(从某种意义上讲,农村人口流动对流入地的经济发展也存在着消极影响,如社会管理成本增加、就业的挤出效应、个人福利水平下降等，所以经济上的帕累托最优都不一定能完全实现）并不代表社会效益的最大化，社会总的福利水平并未见显著提升。在贫困地区推进科技创业，可以在经济增长的同时，增强贫困人口的致富能力，提高当地的福利水平，将外流的农村人口重新吸引回来，重新构建有效的治理结构，减少贫困地区人口外流导致的社会福利损失。

贫困地区的科技创业除了理论意义显著，在实践层面其也取得了显著成就。科技特派员制度是近些年来涌现出来的典型模式，科技特派员的农村科技创业是面向需求，服务"三农"的重大体制机制创新，是把科技人才、科技成果、科技知识等现代科技要素引入农村，推进城乡统筹发展的有效途径，是推进科技与农村改革发展深度融合，促进城乡经济社会一体化发展的必然需要。大众创业、万众创新号召提出以后，各种创新创业活动层出不穷，而随着创业门槛的降低、政府的支持引导及互联网对传统商业模式的颠覆，贫困地区的创新创业活动也呈现出"星星之火可以燎原"之势，在这样一个背景下，部分专家学者针对贫困地区提出了包容性创新创业模式的理念，给予贫困地区的创新创业活动更多的关注。例如，田宇、卢芬芬、张怀英等（2016）通过研究武陵山片区4家企业的创业行为，提出在贫困地区要构建包容性商业模式。任迎伟、黄刚（2016）提出应基于关键性创业要素构建包容性创业体制，其中就包括对科技等创新要素的扶持。在这样一种理念下，去看待贫困地区的科技创业活动应该有更多的"包容"，不能用一般地区的标准去评判贫困地区的科技创业行为，同样也不能生硬地套用这些地区的科技创业模式。实际上，在贫困地区任何一种引入科技要素支撑的创业活动都应该被看作是一种科技创业活动，给予其支持与帮助，并不是所有的农村都会成为"中关村"，一个小小的电商平台或许对贫困地区脱贫的影响更深远。当我们去审视对贫困地区科技创业的扶持与推动政策时，不能一味地强调"高大上"的科技龙头企业的带动，更应该关注那些借助科技走向成功的创业草根明星，政策的支持更应该向他们倾斜，面对中国仍很繁重的扶贫任务，让贫困地区更快地形成基本的自我"造血"能力，远比扶持他们形成优质的"创业基因"更加急迫。

基于这样一个背景,本书将通过包容性理念,全面审视贫困地区科技创业的内涵与本质,充分考虑贫困地区特有的要素禀赋、市场环境与制度约束,对贫困地区科技创业的运行机制进行改进,构建起一种包容性的科技创业机制,以适应贫困地区的创新创业活动。

6.2 国内外研究综述

从以往的研究来看,学术界对贫困地区科技创业的研究主要集中在3个方面。

一是以创业为核心,研究贫困地区农户的创业活动。这类研究主要是在前期返乡农民工创业问题研究上的细化,把目光聚焦在贫困地区农户上,研究如何打通市场、资金、商业模式、政策等环节,推进贫困地区的创新创业。例如,郭群成、余秀娟、魏成等强调农户的创业意识的形成培育在创业活动中的作用;刘畅、齐思源等则对贫困地区的创业环境的影响进行了研究;刘美玉、刘凯等则是关注于创业路径;黄晓勇等的研究则是从政策支撑、社会服务体系构建等方面研究如何提高创业的成效。此外,还有部分学者对农户创业绩效进行了评价。

二是以科技为核心,研究如何将科技要素有效植入到贫困地区,探讨构建更有效的科技扶贫开发模式。这类研究多为实证研究,对一些富有成效的科技扶贫模式进行研究。例如,严芳超重点研究了科技扶贫与农业企业成长的关系;龙海军对贫困地区企业家政治关系资本与非合规创业行为之间的关系进行了实证分析;王振、丁太顺、傅政华等则分别从科技特派员的农村科技服务行为与体系建设、制度创新模式和农村科技创业机制等方面对科技特派员这一典型模式进行了剖析。此外,一些学者还对科技创业链、农业科技专家大院等科技扶贫模式进行了深入探讨。

三是以贫困为核心,探讨构建包容性的创新发展模式。在研究中,田宇、卢芬芬、张怀英等提出要借助本地能力构建包容性商业模式;Thompson等认为构建贫困地区独特的商业模式要遵循发现导向的方式;Pitta等认为在贫困地区各种关系影响企业包容性商业模式的构建；刑小强等的研究从企业的视角分析了企业在贫困地区进行多元价值创造的影响因素；任迎伟等的研究则从政府视角出发提出构建基于关键要素的包容性创业体制。

从目前的研究来看，国内外研究主要集中在科技创业、贫困地区创业和包容性增长上，并没有人专门把这3个关键变量放到一起去研究。

综上分析，对贫困地区科技创业的研究属于一个较为具象的研究，研究较少，而从包容性增长的视角去研究贫困地区的科技创业更是空白。本书将在整合前人研究成果的基础上，将贫困地区、科技创业、包容性增长3个变量有效整合，重新阐述贫困地区科技创业的内涵，分析其特征与模式，基于贫困地区的特性构建包容性视角下贫困地区科技创业机制的理论体系。

6.3 贫困地区科技创业的概念框架

科技创业是将科学技术创新成果转化成新技术、新产品，并以此构建新企业的过程。按照传统的经济学理论，开创新业务、开发新产品、创建新组织、发现新商机等依托科技整合资源要素的活动都可以是科技创业活动。贫困地区与一般地区的科技创业在概念上没有区别，但贫困地区的特性，客观上要求我们要用包容性的理念对其进行解读，在此需要对贫困地区科技创业的概念、内涵、特征、关注焦点进行研究。

6.3.1 贫困地区包容性科技创业的理念

包容性发展理念是一种兼顾经济效益与社会效益的发展理念，强调发展中的机会均等，在创业中强调给予每个人平等的机会去创办企业。现实中，在市场这只看不见的手的作用下，资源一定程度上可以实现有效配置，单纯强调经济效益的话，贫困地区创业效率低下实属正常，因为发达地区对资源的配置更有效率，在贫困地区创业其资源的产出效率并非最高。但是，在包容性增长理念下，创业活动并不能只是看待其经济价值，其社会价值也应该重新评估，特别是对弱势群体的帮扶，让他们有机会分享社会发展成果更是一种社会文明进步的体现。从这个角度出发，在创业中，要对贫困地区给予更多的帮扶与支持，强化政府在支持贫困地区创业的核心地位。进一步拓展到科技创业范畴，更要明确贫困地区与一般地区在科技要素的配置上的巨大差异，当科技要素禀赋的差异内生到创业者要素、环境要素、机会要素、资源要素这4个创新创业要素中时，贫困地区在创业活动中的弱质性被进一步放大，其更难以与其他地区在创业上竞争。

6.3.2 贫困地区科技创业的特征

在包容性发展理念下，界定贫困地区的科技创业活动要关注如下几个显著的特征。

一是贫困地区科技创业活动的范畴应该更广。在贫困地区，科技创业不能只盯着那些高科技企业，贫困地区相对贫乏的现代科技要素，使得传统意义上的高新技术难以有效"生根发芽"。在此背景下，去识别或推动贫困地区的科技创业活动，社会各界应该给予更多的包容。一方面，只要其能有效利用现代科学技术，增强其生产效率的创业活动都应该是纳入科技创业的范畴，在贫困地区基于其资源禀赋培育现代化的科技生产企业是科技创业，发展现代农业、电商平台下的商贸物流活动等小规模的创业活动也应该是科技创业。另一方面，科技创业活动的主体范畴应该更广，乡土能人、返乡农民工、本土大学生等是主体，外来的创业主体也应该被吸收进来，如科技特派员、科技企业、社会组织等，在全社会参与扶贫的大背景下，充分调动各主体的积极性，让贫困地区的农户主动或被动地参与到各种创业活动中来。从形式上、主体上，对贫困地区的科技创业活动要有更多的包容，在实践中不断拓宽科技创业活动的范畴，对它们给予更多的鼓励与支持，让贫困地区在大众创业、万众创新中有更多的机遇。

二是贫困地区要体现更多的科技内核。科技是一种内生增长动力，其在与具体的生产要素结合后会产生更高的生产效率。在贫困地区，其所拥有的生产要素与其他地区显著不同，推进贫困地区的科技创业必须首先识别出贫困地区拥有的生产要素。一般来讲，贫困地区现代生产要素稀缺，但特色的农业生产资源禀赋相对较好，如绿色产品生产要素、劳动力资源。在这个背景下，要从推进科技与这些生产要素有效融合着手，用科技去支撑更多的创业活动。从目前来看，在贫困地区可以利用科技发现新商机、利用科技培育新的创业理念、利用科技开拓新的市场、利用科技掌握新的技术、利用科技开发新产品，通过这些去让科技有广阔的用武之地。

三是贫困地区科技创业的核心在于创业。当赋予贫困地区更多科技内涵时，要找准平台有效推进他们的创业活动。在利用科技识别更多的商机上，要利用好现有的电商平台，通过政策的扶持，让贫困地区的创业者可以迅速地开展创业活动。在利用科技培育新的创业理念上，要将科学技术理念深入贫困地区，改变以往保守、落后的生产理念，敢用新技术，敢于改变经营模式。在利用科技开拓新市场上，主要是建立新的营销渠道，电商、微商等平台的低门槛性对贫困地区来讲可以更快地将他们的产品销售出去。在利用科技掌握新技术上，让贫困地区的创业者学会自我充电，把新的技术更快地应用到生产领域，创造更多的商机。在利用科技开发新产品上，可以利用科技去延长贫困地区的产业链，增加贫困地区的经营利润。贫困地区科技创业的核心在于有效地实现创业，所以要更多地发挥科技的平台，只要能利用上现代科技，不管其是否生产科技产品，都应该是一种科技创业活动。

四是贫困地区科技创业活动的时空包容性更强。从空间分布来看，以往对创业活动的理解拘泥于一定的地区内，认为贫困地区的创业活动也应该在贫困地区。但随着科技的发展，创业活动对空间的限制也被不断突破，如现在发展较快的服务外包业，可以利用科技平台实现与发达地区的协同创业活动。此外，网络平台的发展，电商、物流等产业也带动了贫困地区的创业。从这个角度讲，贫困地区的科技创业并不一定非要在贫困地区建立一个工厂、一个企业，创业的形式多种多样，可能1台电脑都是1个创业者的"生产车间"。从时间维度来讲，科技的时间属性很强，特别是创新技术，谁先掌握了先进科技，创业的成功性就更大。但在贫困地区，很难富集最新的科技创新资源。在这些地区创业，也不一定需要的是最新的科技资源，可能相对新的技术、相对成熟的创新模式在贫困地区更容易成功。如何将发达地区已经成熟，甚至面临淘汰的技术移植到贫困地区，应该是贫困地区创业中一个重要的着力点。当发达地区在研发智能物流配送体系时，在贫困地区建立一个基本的物流配送站，为他们创造一个就业创业平台，或许更有效、更可行。所以基于贫困地区与其他地区的产业时间差，在做好贫困地区产业承接的同时推进科技创业。

五是科技创业与科技就业的包容对接。贫困地区总的资源禀赋量要比其他地区少，这使得其难以承载太多的创业活动，更不能苛求每个人都去创业。在贫困地区的科技创业活动中，对于没有创业能力的人能在有创业能力的人的成功创业活动中顺利就业，这本身也是一种有效的发展。所以，在理解贫困地区的科技创业活动时，要把科技创业与科技就业同等对待，在创业中包容对接就业活动，利用科技平台增强贫困地区农户的就业能力，在就业中形成创业意识与能力，这也应该是推进科技创业活动的一个重要着力点。

6.3.3　对贫困地区科技创业的定义

基于上述分析，在包容性发展的理念下，贫困地区科技创业的定义是：在精准识别贫困地区资源禀赋的基础上，利用科技与其所蕴含的资源有效对接，通过新技术、新思维、新商机、新产品、新市场的开发与利用，利用科技创新将贫困地区有能力、有意愿的劳动者集合起来创造新的、更高的市场价值的创业与就业并进的一个过程。从形式上看，建设一个新企业、开发一种新商业模式、在创新企业中有效就业等都应该属于贫困地区的科技创业活动。从内容上看，贫困地区的科技创业活动包含一切以科技为支撑的经营性活动，包括基于科技创新的农业领域的种养加、基于信息技术的贫困地区服务产业、基于产业转移下的加工业与制造业等。从途径来看，贫困地区的科技创业要从创业和有效就业2个途径推进，通过科技创新创造更多的共享价值，让贫困地区的群众可以基于创业才能、生产资本、辛勤劳动等多种资源参与到创新价值的分享中，为他们的脱贫致富提供更多的机遇。从形成过程来看，贫困地区的科技创业是一个复杂的社会网络体系，形成可持续的贫困地区科技创业活动，必须完善其社会运作机制。基于此，本书将在此定义下，着重探讨如何从包容性视角下，构建贫困地区科技创业运作机制。

6.3.4 包容性视角下贫困地区科技创业机制构建的原则

在包容性发展理念下，构建贫困地区的科技创业运行机制，必须把握如下几个原则。

一是要从创业者的差异性看待贫困地区的科技创业。在发达地区，大多数的劳动者都接受过高等教育，甚至有些还有海外教育的背景，而在贫困地区，拥有高中学历的可能就算高学历了。除了教育背景，贫困地区潜在创业群体在眼界、个人经验、技能上都与其他地区存在着不小的差异，这使得贫困地区的创业群体的创业技能较差，在科技创业上更差。所以在界定贫困地区的科技创业时，要承认他们在科技创业中的劣势，从他们创业能力出发来构建科技创业的运行机制。

二是要从机会要素的差异性理解贫困地区的科技创业。创业成功的核心就是对未发现商机的精准把握。由于贫困地区创业者在创业知识与创业技能上的劣势，他们对市场的把握与预知不会那么精准，对那些高收益的创业机遇没有那么敏感。此外，由于经济发展的城乡差异、东西差异，贫困地区很难参与到高价值的社会分工，而传统产业、初级产业等本身的效益不高且竞争激烈，这使得这些贫困地区本身就没有太多的创业机遇。进一步延伸到科技创业，在界定其内涵时，要让科技创业的机会要素是低门槛的，甚至还要避免其参与激烈的市场竞争，让贫困地区专享政府、社会给予其专门的保护与扶持。

三是要从资源禀赋的差异性认识贫困地区的科技创业。科技是经济增长的内生动力，这意味着其必须内生于具体的生产要素中，通过提高要素的产出效率实现经济增长。贫困地区的资源禀赋存在不足，一方面传统生产要素（如土地）或开发价值不高或开发成本太高，另一方面现代生产要素

（如资本）稀缺，使得科技很难在这些要素上着力。要认识贫困地区的科技创业，就应该从相对角度做文章，将资源优势转化为经济优势，如贫困地区的区位优势不明显，但其生态环境较好，可以通过科技开发绿色生态产品。此外，在对贫困地区资源开发的同时，要用好科技要素，既要保护好其赖以生存的资源，又要让价值最大化并为当地居民创造社会福利。

四是要从环境要素的差异性界定贫困地区的科技创业。从创业的硬环境来看，贫困地区的资源禀赋相对较差，科技资源难以附着进而影响生产效率的提高，需要认知贫困地区的特色环境禀赋，如生态环境等。从创业的软环境来看，从制度环境和非制度环境两个层面考虑。对于制度环境，贫困地区可以得到更多的政策支持与社会包容，这对其来讲是优势。对于非制度环境，文化习俗、历史传统、村规民约等都会对科技创业产生影响，一般来讲，贫困地区对科技创新更多是一种观望，甚至是抵触，这些对引导其科技创业是不利的。在包容性科技创新理念下，通过科技素养的提升，让贫困人口改变传统封闭的观念，主动拥抱科技、主动寻找科技创业机遇，这也应该是科技创业工作应该蕴含的一项任务。

6.4 贫困地区科技创业机制研究

本书一方面要对贫困地区科技创业的概念范畴进行界定，从包容性的视角构建贫困地区科技创业的理论研究基础。另一方面要在这个基础上，全面构建贫困地区科技创业机制，对其作用机制进行探索性研究，构建其完整的贫困地区科技创业机制的理论。

6.4.1 贫困地区科技创业系统

根据现有的科技创业理论研究，科技创业过程是一个线性的连续的动态过程，它是基于机会识别、机会开发、创业结果3个阶段的系统耦合，是一个复杂的系统。在程安昌（2007）的研究中，构建了一个基于要素资源维、环境资源系统维、创业过程维的科技创业系统模型，本书将借用这一模型，去构建贫困地区的科技创业系统。

1. 要素资源维

在程安昌的研究中，科技创业的要素资源系统包括技术资源、人才资源、资金资源和场地资源四大类。在贫困地区，这些要素资源与其他地区存在着较大的不同。

（1）技术资源

创业所需要的技术资源有两种解决渠道：一种是本地创造，通过研发实现技术创新，这个在贫困地区很难实现。另一种就是外力输送，通过市场或政府公益平台将外面的技术导入，这个是贫困地区科技创业最主要的技术来源。近些年，政府大力推进农村科技创新，科技下乡、科技特派员、农村科普等一系列的活动把科技资源输送到贫困地区，为其开展科技创业做好了技术储备。此外，随着国家鼓励创新创业活动的政策激励，大批农民工返乡创业，在这个过程中，一些实用的技术、创新模式也被带到了贫困地区，这为技术与当地的要素资源耦合创造了条件。

（2）人才资源

在贫困地区开展科技创业，对于人才资源的理解应该具有较强的包容性。按照前面的理论分析，贫困地区开展的科技创业活动的人力资源可以分为3个层次：一是高级科技人才，这个主要靠外力的输入，如科技特派员、大学生村官、第一书记、企业专家顾问团队等，他们既可以把自身的专业知识服务于创业活动，又可以依靠自身的人脉关系为贫困地区搭建一个科技服务智囊团。二是创业管理人才，这个要发挥农村能人大户的带动，也要通过政府培训活动来调动在外务工人员的积极性，让他们主动去学习创业。贫困地区科技创业应该是小微企业主导，通过简单的管理、财务等方面的培训，就可以让他们更快地开展创业活动。三是合格的员工。相对而言，只要贫困地区有稳定的就业渠道，劳动力资源还是较丰富的。前面分析中也提出，能够在科技创业的支撑下，让更多有劳动能力的人在本地就业，这本身也是科技创业的内涵。当贫困地区形成一种良性的科技创业运行机制时，大批农民工返乡就业，会为这些企业提供更多合格的员工。

（3）资金资源

贫困地区经济发展水平低，资金要素稀缺，而科技创业活动又需要大量的资金，这存在着一定的矛盾。从贫困地区的现状来看，资金资源可以通过3个渠道来解决：一是外来创业资金的注入。如龙头企业对贫困地区的农业资源开发，通过市场运作，将资金带入贫困地区，这个对于面积广大的贫困地区影响有限。二是融资平台。目前，国家针对贫困地区的创业活动，有特殊的信贷扶持政策，这个辐射面较广，对于一些小规模的科技创业活动，如现代种养殖业是有积极作用的，未来应该加大政策扶持力度，也要适时地开发一些针对贫困地区的金融产品，帮助贫困地区的创业融资。三是政府的财政资金与社会的帮扶资金。在国家扶贫开发的号召下，各部门都开展了多种多样的扶贫活动，这也为贫困地区带来了一些资金上的扶持，如能将这些分散的扶贫资金整合，也可以为一些高价值的科技创业活动提供支撑。四是创业者自筹。贫困地区的资本虽相对稀缺，但当地群众仍有一定的资本。如何让他们愿意把资金拿出来创业而不是闲置，这个需要在创业环境塑造上做文章。此外，近些年来发达地区发展较快的风险投资，也可以适时引入贫困地区，只要项目有吸引力，加上政策的引导，也可以为贫困地区的科技创业活动提供一定的资金支持。

（4）场地资源

贫困地区的科技创业很多是围绕着现代农业开展的，贫困地区独特的自然环境使得其在围绕绿色产品开发上具有场地资源的优势。此外，贫困地区的土地资源较丰富，只是受交通区位因素的限制，市场开发成本较高，只要补足交通短板，其可以为创业活动提供良好的场地资源。贫困地区在创业活动中，也有一定的政策优惠，土地政策相对宽松，对企业生产经营也是一个利好。贫困地区也可针对特色资源禀赋开发一些新业态，如西南地区水电资源丰富的贫困地区，可引入一些耗电量较大的高科技企业，山区可开发绿色产品生产基地等。

2. 环境资源系统维

环境资源系统维主要包括政策资源、服务资源、信息资源、文化资源和品牌资源五大类。

（1）政策资源

中央政府对扶贫工作的高度重视，在实际的政策制定中产生了较强的扶贫开发政策导向。各级部门针对扶贫开发，制定了各式各样的扶贫政策，创业扶持、人才培养、财税金融、土地法规等各种政策资源都向贫困地区倾斜。除此之外，对于贫困地区的产业发展，各地都有专门的绿色通道，只要不违反法律法规，一律加快推进。在这样一个背景下，贫困地区的科技创业活动享有更多的政策资源，在创业过程中也容易得到政府的帮扶，这为其科技创业的成功创造了有利条件。

（2）服务资源

在科技创业活动中，社会综合服务体系至关重要，但在贫困地区这种专业性的服务机构较少，服务能力弱。可以通过建设科技园、建立技术合作社的形式为贫困地区的科技创业活动提供服务支撑，也可以通过外力引入的方式，将所需要的科技中介服务植入到贫困地区的创业活动中来。

（3）信息资源

在信息技术高速发展的背景下，贫困地区的"信息孤岛"正在被打通。在网络平台上，贫困地区也可以及时准确地获取所需的信息资源。对于贫困地区的创业者，他们只要有一点基础的电子设备操作能力，就可以进行信息资源的获取。近几年，国家在贫困地区开展的各式信息扶贫工作，通过在贫困地区推进信息网络建设，建设农村信息服务站，贫困地区获取信息资源的能力在不断地提高。在包容性科技创业理念下，并不一定是科技信息才是创业的必需，一些实用的新技术、新商业模式都可以为贫困地区的创业活动提供支撑，而这些信息资源的获取成本相对来讲并不是很高。

（4）文化资源

贫困地区在与发达地区的人员交流中，对创业有了更新的认知，贫困地区的创业文化氛围不断兴起。具体到科技创业，在包容性的视角下，很多贫困地区的创业者已主动地开展尝试，创建一个网店，进行特色的种养殖，对传统农副产品的精深加工，这些细微的创业活动不断培育着贫困地区的创业文化。当大众创业蔚然成风时，人们对创业失败的包容度更高。此外，当科技创业有更强的包容性时，创业者会更多地选择基于科技创新的创业活动，让他们更多地走向市场，帮助他们更精准地脱贫致富。

（5）品牌资源

企业扶贫、政府扶贫会选择一些龙头企业对贫困地区进行专门的产业支持，在这个过程中，一些大的品牌会对当地资源的开发产生较强的拉动示范。在这个基础上，创业者可跟随这些大企业开展具体的创业或就业活动，如特色种植养殖，实现自我发展。此外，贫困地区的特色产品本身也可以打造成品牌，通过政府扶持，将品牌打响，为当地的创业者提供品牌支撑。

3. 创业过程维

创业过程维主要包括机会识别过程、机会开发过程和创业结果三大类。

贫困地区科技创业活动的最终实现，就是要将要素资源与环境资源有效耦合，并将这些资源有机地融入创业活动的机会识别过程、机会开发过程和创业结果中，并在这3个过程中对这些资源有效地控制（图6.1）。

在机会识别过程中，先要通过本地创业文化氛围的塑造，将人才资源与政策资源、信息资源整合，让创业者去对本地的创业机会有效识别，并在这个过程中主动去探寻资金资源、技术资源，探寻本地资源深度开发的可能性，或者对本地市场进行有效挖掘，探寻到背后所隐藏的商业价值。

在机会开发过程中，要将品牌资源、管理资源、服务资源、技术资源、场地资源整合，并通过政策制度把这些资源有机融合在一起，形成一个紧密联系的系统，让系统能够有效控制每一种资源，形成一种科技创业开发的合力，让创业机会落地，形成有效的价值创造。

对于贫困地区科技创业的结果，要从创业和就业两个层面共同考虑。一方面，在对这些科技创业资源进行内在整合之后，创业结果表现为收益的增加、个人价值的实现、社会福利的增加，即便是失败的创业，也会为创业者提供经验。另一方面，在贫困地区，科技创业并不意味着要建立规模大、数量多的科技型企业，能带动贫困地区有效就业的科技创业活动的社会价值更高,在这个层面下,当创业者能跟随着科技型企业去工作,或者基于一些实用技术进行简单的加工生产,其也应该是一种成功的科技创业模式。

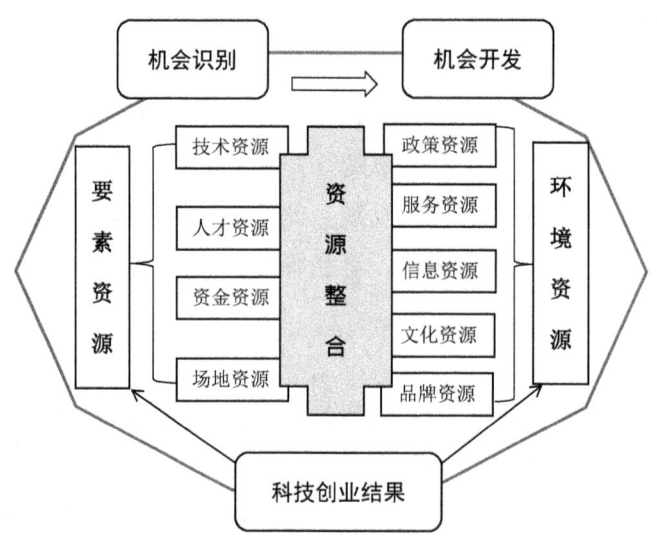

图6.1 贫困地区科技创业系统

6.4.2 贫困地区科技创业机制

贫困地区的科技创业机制是为了推进贫困地区的科技创业活动而建立起来的机构、系统、制度,以及各要素、各环节之间的相互关系。

1. 贫困地区科技创业动力机制

贫困地区创业者的创业动机可归纳为两个方面:一是生存型动机,主要是本地的创业者;二是成就型动机,主要是本地能人或外来的创业主体。在科技创业的背景下,要构建其推动科技创业的动力机制。

对于生存型动机的创业者,引导他们进行科技创业,要让他们通过科技培训掌握基本的创业就业能力,让他们认识到借助现有的科技信息平台,可以进行简单的创业活动,转变他们的创业意识,创业与就业并重,在就业中逐步积累科技创业的人力资本。要加大对他们的信息扶贫,让他们有更多的机会去了解科技生产力,主动探索用科技改变现有生产的路径。要建立专业的科技创业服务机制,借助农业科技推广平台,为这些小规模经营者扩大生产规模、创新经营模式、开发新产品新服务等贫困地区特有的科技创业活动提供技术服务。此外,政府要制定简便易行的信贷优惠、财税扶持等政策,加大在贫困地区的政策宣传力度,让本地创业者都能享受到各种创业优惠政策。在推动社会组织帮扶贫困地区的活动中,要注重引导贫困地区有创业能力的劳动者开展创业活动,并给予重点的引导扶持。

对于成就型动机的创业者,他们的科技创业动机来源于实现个人价值与追逐商业利益。要激发他们的创业动机,可从4个方面进行制度设计:一是理顺贫困地区创业活动的利益分享机制。保护科技、知识产品和科技劳动者更好地参与经济利益分配,通过制度保障他们的合法利益。二是完善贫困地区的市场法律法规,强化对知识产权、资本、人才资源的保护,保证贫困地区所缺乏的科技创业要素的合法权益。三是提供有效的财税支持,让创业者了解、相信当地政府提供的优惠政策能落实到底。四是引进风投、金融机制,实现科技市场与金融市场的有效对接。

2. 贫困地区科技创业决策机制

在贫困地区科技创业的机制构建中,要让创业者更有效地识别创业机会。当创业者产生了创业动机后,要让他们在贫困地区的产业链上找准创业机会,把科技嵌入各个环节,形成新的科技创业与就业机会。

在第一产业中,贫困地区科技创业机会表现在3个层面:一是农户的自主科技创业活动。农户在获取有效的科技种养加技术的基础上,扩大现有的生产规模、改善经营结构,在由传统农业生产向现代家庭农场过渡中,实现科技创业活动,在这个过程中,农民专业合作社、农业推广体系可对其提供科技服务支撑。此外,农户的自主科技创业形成一定规模、取得一定成就后还可带动亲戚朋友的创业就业活动,形成示范效应,解决当地的就业问题。二是发展知识技术密集型的现代农业。这部分主要是依托本地能人大户、外来科技企业等创办的科技型现代农业企业,他们围绕贫困地区特色的绿色生态资源，利用农村的劳动力、土地、生态资源发展现代生产，通过市场进行规模经营。在这个过程中，发展订单农业、合作农业会带动农户建立生产基地，把部分生产业务外包给农户，在提供技术服务的同时让农户进行标准化生产，并将产品返销给生产企业。三是开展科技示范创业。政府通过建立科技园，引进集成示范先进农业技术，通过土地流转进行规模生产。在这种科技创业模式下，农户可实现在企业中的就业，也可以参与企业经营的分红，还可以将部分农业劳动力转移到非农产业，促进劳动力迁移就业。

在第二产业中，贫困地区的科技创业机会表现为两个方面：一是在资源开发中，引进建立现代化企业，提高贫困地区在这些大型工矿企业的就业率，在增加收入的同时提高当地劳动力的创业人力资本。二是围绕相关工矿企业，进行附属产业的科技创业活动。通过购买简单的生产加工设备，带动返乡农民工、大学生、技术工人等创办加工业，如发展包装、物流、维修、建筑等产业，并在创业中注重其利用现代科技，升级传统生产模式，实现科技创业活动。

在第三产业中，贫困地区的科技创业机会有更多的选择：一是基于现在的电子信息服务平台，开展电商销售，为贫困地区的特色农副产品开拓市场，实现科技创业。二是在旅游产业中进行创业活动，发展观光农业，并发展相关的餐饮服务业，在这个过程中，学会利用"互联网+"，在产品的开发、展示、销售中注入科技元素。三是将贫困地区之外的商贸服务业带入贫困地区，开展创业活动，这也是大批返乡农民工的重要创业活动。例如，在贫困地区开办电子产品维修服务，进行快递物流配送服务，发展家政餐饮服务等，虽然这些活动算不上真正意义的科技创业，但在网络平台的支撑下，服务业的市场将更加广阔。四是开展相关的信息技术服务业。当贫困地区科技创业形成风气后，其对技术信息服务的需求也将持续增加，在这个基础上，相关的技术服务业就成为一种商机。例如，引导大学生创办电商服务平台，进行网页设计开发、技术指导等工作，让外来科技人员开办服务现代农业的科技公司，提供种植养殖技术服务、生产资料配送等。

在贫困地区科技创业，让创业者准确地识别创业机会，是其形成创业决策的关键所在。具体到创业中就是要把创业机会转变为实实在在的创业项目，并对其进行可行性分析，形成创业决策，并推动创业活动向前进行。

3. 贫困地区科技创业管理机制

在贫困地区科技创业活动中要打造现代经营管理体制，塑造现代化的经营理念。当进行具体的科技创业活动时，组织的建立尤为重要，在贫困地区创业，必须要构建3个层次的管理体制。

一是对于规模较大的现代企业要引入职业经营管理理念。在本土能人创业中，既要培养创业者的管理经验，又要注重引进职业经理人，规范企业的经营管理，杜绝家族企业管理模式，实现正规化公司管理。在外来的科技人员的创业中，要注重科研团队与管理团队的分离，在经营管理中理顺利益分配机制，建立现代企业制度。

二是本地的小微企业创业活动中，要加强对创业者的管理培训，政府要定期组织财务、管理、销售、生产运作等内容的经营培训讲座，让这些创业者可以主动充电，帮助他们规避企业经营中的一些弊端，使企业能做大做强。

三是对于在科技创业中就业的劳动者来讲，其要注重自身人力资本的培育，在就业中学习创业经验与管理经验，为日后的创业活动做准备。

4. 贫困地区科技创业激励机制

激励机制重点是要构建起科技创业驱动贫困地区增收致富的作用机制，让创业者能更多地分享经济发展的福利。从这个意义上看，这种机制主要表现为3个方面。

第一，科技创业实现了科技要素与贫困地区资源的有效融合，资源生产效率显著提升，带动了贫困地区的经济增长。在这个过程中，科技创业活动的各参与主体都有机会分享到科技带来的经济增长福利。从产业的角度看，科技创业提升了贫困地区的产业竞争力，产品附加值特别是农产品的附加值显著增加，在更广阔的市场中，价格收益得到提升。从就业结构来看，科技创业会带动贫困地区的产业结构升级优化，非农就业机会增加，贫困地区的增收渠道也被拓宽。

第二，科技创业为贫困地区带来了更多的就业机会，为其脱贫致富创造了更好的平台。通过创业式扶贫，贫困地区的百姓家庭收入将大幅增加，且具有可持续性，而创业过程中也给创业者提供了更好的就业选择。此外，科技创业企业建立，也为当地的群众提供了更多的就业机会，特别是为农民提供了更多的非农就业机会，有助于他们返乡就业。

第三，科技创业拥有巨大的社会效益。在科技创业中，创业者、就业者除了能得到直接的经济收益，其人力资本也得到显著开发，贫困地区群众的生存能力得到极大的提升，为贫困地区注入强大的"造血能力"。在科技创业中，各种信息资源的交互，改变了贫困地区信息孤岛的困境，新技术、新理念、新模式的传入为贫困地区带来的更多的机遇，为其经济社会可持续发展创造了更多的可能。

在这些激励机制的作用下，贫困地区的发展步入了一个良性发展路径，经济社会可持续发展能力显著增强，为其彻底摆脱贫困奠定了基础。

5.贫困地区科技创业保障机制

科技创业保障机制是要构建一个持续推进创业活动的环境，主要打造3个维度的科技创业环境。

一是政策环境。推动贫困地区的科技创业需要政策的大力支持，近些年来出台的专项政策不少，但令出多门，没有形成政策合力。要将现有的创业政策耦合，出台一个推进贫困地区科技创业的政策集，将各种支持政策纳入其中，通过各种渠道开展政策宣讲，让创业者充分了解创业政策。此外，要加强政策的实施力度，重点关注政策的落实。在贫困地区科技创业活动中，政策焦点应集中在税收优惠、创业扶持、金融政策上。

二是基础设施环境。要加强改善贫困地区的基础设施，特别是通信、交通设施，打通贫困地区与外界的要素通道，让创业者能及时准确地把握市场动态。要将政府扶贫资源有针对性地与科技创业大项目对接，集中资源服务带动性的科技创业企业，形成以点带面的成效。加强贫困地区的综合服务体系建设，如农业技术推广体系、创业服务体系等，为创业者提供优质的服务。此外，关注科技创业活动中的基础设施诉求，有计划地开展专项服务，避免创业中政府主管部门相互推诿，从而提高创业成效。

三是社会文化环境。贫困地区的观念滞后已成为创业活动的最大障碍，受自身综合素养的限制，贫困地区的群众不敢创业、不愿意创业、不知道创业、不懂创业，要从科技创业文化环境塑造上打破这种创业束缚。一方面，在贫困地区要打造良好的创业舆论环境，鼓励创业，大力倡导敢为人先、勇于冒险、敢于创造、宽容失败的创新精神。政府要加大贫困地区的创业培训、人力资源培训，社会各界要对贫困地区的创业提供更多支持与包容，让创业者有创业激情，愿意创业，敢于创业。另一方面，要形成一定的创业引导机制，扶贫资源要向创业者倾斜，避免有劳动能力的在扶贫中陷入"等靠要"的恶性循环，要让扶贫资源撬动贫困地区劳动者的创业能力，让他们积极主动的创业致富。

6.4.3 小结

综上分析，在包容性科技创业理念下，基于贫困地区的特质，构建出如上的机制，这五大机制相互协同、统一运作，动力机制帮助创业主体识别机会，决策机制引导创业者建立组织，管理机制推动创业者构建有效经营模式，激励机制与保障机制共同构建科技创业活动可持续运作的内外环境。在整个创业活动中，各机制层层递进，作用相互传导，将贫困地区创业者、政府、社会组织串联在一个创业网络体系下，形成一个稳定有效的创业系统。

6.5 典型案例研究

在实际运行中，贫困地区的科技创业活动最有成效的莫过于科技特派员的创业活动，2009年，科技部、人社部等八部委还联合下发了《关于深入开展科技特派员农村科技创业行动的意见》，在全国范围内推动农村科技创业行动。近几年，随着中央全面推进精准脱贫，各地在科技特派员创业的基础上又探索出许多行之有效的贫困地区科技创业模式。此处，选取了2个典型的贫困地区科技创业案例，对前文提出的理论框架进行验证，并总结出一些行之有效的经验，为后文政策建议的提出奠定基础。

6.5.1 宁夏科技特派员创业案例

科技特派员制度是一项起源于实践探索、发展于政策推动的制度创新。从1998年南平派遣科技人才到农村开展科技服务形成了科技特派员的雏形，到2002年开始中西部13个省区开展科技特派员试点工作，到2009年全面推广科技特派员创业行动，再到近几年科技特派员制度连续写入中央1号文件中，科技特派员制度已经成为我国农村科技创业的重要探索与创新。在科技特派员制度的实践过程中，宁夏"科技特派员创业行动"模式广受关注，甚至被称为"科技特派员制度源于南平，发展于宁夏"。宁夏作为一个内陆省份，经济发展相对缓慢，广大农村地区更是贫穷落后，但在这样的环境下，科技特派员制度却得到了创新发展，产生了巨大的成效。

1. 案例背景

宁夏科技特派员科技创业行动起于2002年开始的科技特派员试点工作。从最初的创业行动转变为科技创新创业，从自然人科技特派员逐渐衍生出信息科技特派员、法人科技特派员，从财政支撑拓展到金融支持、社会资本支持，从项目引导变为特色产业链认定扶持，宁夏科技特派员制度在实践中不断地创新调整，展示出一条与经济环境相契合的良性制度演进路径，而这种创新调整也正是"宁夏模式"焕发出强大生命力、产生良好的经济社会效益的基础。

（1）宁夏科技特派员队伍组成情况

从科技特派员队伍的选派类型来看，宁夏科技特派员大致可分为3类：自然人科技特派员、法人科技特派员、信息科技特派员。2008年之前，宁夏科技特派员队伍一直是以自然人科技特派员为主，农村信息化工程推行之后，信息科技特派员的队伍迅速增加，而近几年，在科技创新创业的大背景下，法人科技特派员的队伍迅速壮大。从科技特派员的选派类型上看，法人科技特派员已逐渐成为科技特派员的主力军，如果综合考虑法人科技特派员带动的参与人数、创造的经济社会效益、发展模式上的创新，其影响更加深远。

从宁夏科技特派成员的队伍组成情况来看，其表现出3种趋势：首先，从企业下派的科技特派员人数迅速增长。2008年科技特派员队伍中，企业下派的科技特派员人数为183人，占总人数的1.13%。2011年企业下派的科技特派员人数为489人，占全部科技特派员人数的8.5%。这其中不包括法人科技特派员中的企业人数构成。这一数据上的变化说明企业正积极参与到科技特派员工作中，科技特派员工作的市场诱导能力不断增强。其次，大学生科技特派员的队伍不断壮大。2008年大学生科技特派员为299人，2011年增长为620人，年均增长26.84%，显著高于同期科技特派员人数年均增长4%的增幅水平。这种变化主要是受到宁夏近年出台了一系列的鼓励大学生服务三农的政策影响，同时大学生农村科技创业逐步火热，也对优化科技特派员队伍发挥了重要的作用。最后，科技特派员队伍多元化趋势明显。近几年，宁夏科技特派员队伍中政府单位、事业单位下派的特派员比重有所下降，但仍占主导，约占到总人数的五成以上。而多元化的队伍构成趋势也不断显现，除了企业、大学生比重的提高，乡土人才的比重也在上升。而且在政策的鼓励下，通过科技特派员的省级交流互助渠道，自治区外的科技特派员人员也加入到了当地的科技特派员队伍中。这种多元化的人才组成形式，既保证了科技特派员队伍的不断壮大更新，也为科技特派员服务模式的创新调整注入了新鲜的血液。

（2）科技特派员创业方式

科技特派员与农户结成利益共同体进而形成农村创业合力，这是科技特派员制度取得成功的重要经验。科技特派员创业分为技术承包、技术入股、实体创业和其他4种形式。近几年，宁夏科技特派员的服务方式中，技术承包型大幅上升，依托合作社、龙头企业等组织，在效益的激励下科技特派员既提升了自身价值又有效地开展了农村科技服务。科技特派员的实体创业比例不是很高，主要原因在于：一方面统计口径不同，科技特派员领办创办合作社是近几年科技特派员创业的典型模式,但由于合作社并没有统计为企业,使得这一比例下降。另一方面则是由于龙头企业不断壮大,在这个过程中,大量的小企业被兼并,成为龙头企业的一部分,"龙头企业+合作社"成为典型的科技特派员创业模式,所以在统计中,科技特派员创办企业的总体数量减少了,但规模却在不断壮大。

随着合作经济组织在农村中的兴盛,科技特派员通过创办领办合作经济组织开展农村科技创新创业已成为一种典型的服务方式。2008年,科技特派员创办领办的合作经济组织有200家左右,到了2011年这个数值增加到541个,年均增幅高达42%,显著高于同期其他服务模式。合作经济组织更加契合农村的实际,便于农户的接受,而且其经营灵活,易于操作管理,"科技特派员—合作社—农户"的合作模式是当前一种有效的利益共同体模式。此外,在政府引导下,科技特派员之间也开始积极推动加强产业合作,如宁夏的贺兰县、平罗县等地成立科技特派员创业协会,科技特派员自发成立具有产业联盟性质的联合社开展产、加、销合作,促进了科技特派员创业链的建设。

(3)科技特派员科技创业的融资渠道

从宁夏科技特派员创业行动的数据来看,其融资渠道表现出4个特征:第一,政府投入逐年增加,但比重越来越小。虽然政府的总投入比重不高,但其撬动的各类社会资本投入科技特派员创业行动的成效却不断增强。如平罗县、贺兰县、永宁县、彭阳县注入财政资金320万元作为担保基金,年担保总额达4000万元,起到了四两拨千斤的成效。第二,金融支持科技特派员创业行动的力度不断加大。政府担保基金、贴息贷款政策的实施,更是增强了金融机构扶持科技特派员创业的积极性。第三,科技特派员投融资渠道多元化趋势明显。从统计数据来看,宁夏科技特派员的融资渠道中,有传统的政府财政投入,有金融机构的贷款,有企业、合作社、社会团体的创业投入,有创业的风险投资,也有国际组织的投入,多元的融资渠道提升了科技特派员的创业能力。第四,法人科技特派员融资。法人科技特派员拥有一定的资产,这有助于其在开展农村科技创业中寻求多种融资渠道。而且企业间融资可以拓展资本的边界，土地、设备、资产、人才等都可以成为相互合作的资本，这种相互合作可以更加有效地利用各自的资源，提高创业活动的效率。近些年来，宁夏科技特派员创业行动中，科技特派员创业产业链的分工合作成为不同企业间相互融资合作的新平台。

（4）科技特派员科技创业的经济效益、社会效益

从宁夏的经验来看，科技特派员创业的效用主要归纳为4个方面。

第一，以创业带就业，在促进区域特色产业发展的同时带动农户增收。宁夏科技特派员创业行动实施5年间累计带动农户116万户，科技特派员创业项目区农民5年累计人均增收4063元，年均812元，比同期宁夏农民人均纯收入增长高出32.82%，科技特派员创业项目带动农户增收效果显著。此外，科技特派员制度也助推了宁夏特色产业的发展。在科技特派员创业链建设中，宁夏认定了枸杞、清真牛羊肉、设施果菜3条国家级产业链、22条省级创业产业链，2011年科技特派员创业链上的企业共创造产值106.36亿元（2011年宁夏第一产业GDP为183.13亿元），科技特派员创业链项目的实施为宁夏特色产业的做大做强提供了有力的支撑。

第二，提高"三农"发展的实力。科技特派员创业行动实施后，宁夏三农发展的大环境得到了改善。从农业发展的角度来看，科技特派员产业链上创业、法人科技特派员主导特色产业发展等新的产业发展模式提升了宁夏农业产业化与组织化水平，外部科技、信息、资源等先进生产要素的导入夯实了特色产业发展的基础。从农民发展的角度来看，除了农户收入增加明显受益外，通过科技特派员的农民培训，农民综合素质也得到了提升，为增强其自我发展能力提供了有力支撑。2008—2012年，宁夏科技特派员项目累计培训农民171万人次，累计安置农户就业37万户。同时，科技特派员通过新技术、新品种的示范推广，带动农户发展现代农业，也提高了农户的经营能力。从农村发展的角度来看，科技特派员项目与当地的新农村建设整合在一起推进，在项目实施的带动下，宁夏的新农村发展也取得了巨大成效。例如，宁夏结合生态移民村建设，通过派驻科技特派员，在示范村建设科技信息服务站，以产业帮扶、合作社示范、生态移民

技术培训等方式，为生态移民新村产业发展、移民新村建设提供扶持。

第三，优化了农村科技服务平台，带动了各类生产资源在农村的集聚与整合。科技特派员除了将大量的科技资源送入到农村，还在产业发展、项目实施中整合了大量的现代生产资源。例如，在政府扶持和市场激励下，通过金融服务模式的创新，大批的资金进入农村，为产业发展提供了帮助，据统计，2008—2012年，宁夏科技特派员创业行动获得各类金融机构贷款近20亿元。此外，科技特派员来源广泛，各式各样的人才汇集在一起，除了实现智力上交融，也在不同的工作背景下为项目村带来了其他的资源，如政府部门的科技特派员可以为项目实施提供政策上的咨询与扶持，高校科研院所的科技特派员可以借助教学科研实习平台为农村提供点对点的定向服务，也可以提高法律、金融、信息服务、土地流转等专业化的中介服务帮助。

第四，创新了农村科技服务的新模式。一方面，宁夏科技特派员创业行动构建了一个开放性的科技服务平台，各类人才围绕创业链开展专业化的服务，构建起一个市场与行政相匹配、公益性与营利性相融合、市场开发与三农帮扶相促进的新型农村科技服务模式。另一方面，科技特派员创业行动了创新了农村科技服务的模式。科技特派员项目由支持自然人科技特派员拓展到支持法人科技特派员，再到支持创业链的科技特派员的服务半径是不断拓展的，在这个过程中，政府的导向性增强了科技特派员项目实施的市场性。2011年宁夏科技特派员仅在12个科技特派员创业链，安排创业项目就达90个，占项目经费的51%，产生的经济效益占到当年全部科技特派员项目产值的80%以上。

2.案例分析

（1）科技创业微观经济系统

①创业者特征。在宁夏科技特派员创业行动中，科技特派员作为一种外来的科技资源进入贫困地区，他们一个明显的特征就是掌握先进的科学技术，整体素质较高。在宁夏科技特派员创业行动中，科技特派员大致可分为3类：自然人科技特派员、法人科技特派员和信息科技特派员。自然人

科技特派员与信息科技特派员大多由政府从高校、科研院所、企事业单位选派,近些来大学生科技特派员的比例也在显著上升,法人科技特派员则由发展较好的龙头企业、组织来充当。科技特派员创业者的整体科技创业能力较强,知识水平较高,拥有明显的技术优势。科技特派员在选派时,往往是针对当地特色产业选派相关的专业人才,这更使得科技特派员的专业技术可以在创业活动中大显身手。由这些人、组织在贫困地区进行科技创业,其成功的可能性更高。

②创业者动因。科技特派员创业行动中,科技特派员创业活动除了追求经济利益以外,还有着多种动因,如科研人员在创业中追求科技创新,企事业单位人员追求自我价值的更高体现,还有追求更高的社会地位、发挥个人才能与兴趣等,他们选择在贫困地区通过创业更好地追求经济社会价值,大多属于成就型创业动因。在这种动因下,创业者愿意承担更大的风险,愿意投入更多的精力,但创业中又能更理性更科学。

(2)科技创业系统

在宁夏科技特派员创业行动中,科技特派员在贫困地区的科技创业实现了科技资源外来输送与本土资源的有效耦合,显著提升了贫困地区资源的生产率。

①从要素资源看。第一,技术资源。科技特派员来自于各行各业的技术、管理人才,他们所具备的专业知识与技术能力是贫困地区最为稀缺的科技资源。通过科技特派员创业行动,这些科技资源从外界进入到贫困地区,弥补了贫困地区科技资源稀缺的不足。第二,人才资源。科技特派员本身就是一支人力资本存量较高的队伍,他们背后的组织又拥有更加强大的专家团队,再加上政府的大力推进及社会各界的支持,人才资源也会流入到贫困地区,为贫困地区的科技创业活动提供各种人才要素。第三,资金要素。如前文描述,科技特派员创业中拥有多元化的融资渠道,信贷、风投、财政、民间投资等各种资源汇集于此,只要有好的创业项目,资本在这些贫困地区也并不是最稀缺的资源,通过调动各方的资源,资本要素也会追逐这项目流动。第四,场地资源。在宁夏科技特派员创业行动中,

广大贫困地区、农村地区为科技特派员的创新创业提供了广阔的平台,再加上政府的支持,贫困地区信息化水平的不断提升,贫困地区的创业环境不断改善,科技特派员创业的范围与领域也越来越大。

②从环境资源看。第一,政策资源。在宁夏科技特派员科技创业行动中,从中央到地方,出台了一系列的支持政策,涵盖了财税、人事管理、金融、土地、技术服务等各个环节,为科技特派员的科技创业活动开绿灯。除了政策支持,各地政府还把科技特派员创业活动纳入政绩考核范围,各地政府还提出了各种具体的扶持模式,调动社会各界的力量参与到贫困地区的科技创业活动中。从这点看,科技特派员科技创业活动得到的政策资源要素是其他活动无法比拟的。第二,服务资源。在科技特派员科技创业中,科技服务资源较丰富,来自于高校、科研院所、企事业单位技术部门的科技特派员除了可以提供有针对性的科技服务,还可把科技创业中需要的技术支持及时反馈给相关部门,通过市场、行政等手段提供有效的服务支持。第三,信息资源。科技特派员对科技信息很敏感,他们可以及时掌握最新的科技信息,并及时应用到创业活动中去。对于管理、经营、销售等相关信息,他们也能及时获取,且随着贫困地区科技服务体系的不断完善,各种专业机构也能够为科技特派员的创业活动提供信息支撑。第四,品牌资源。在法人科技特派员中,有很多知名的龙头企业,他们牵头在贫困地区开展创新创业,在品牌的带动下,可以更精准地开展创业活动。此外,科技特派员还可借助大学或优秀企业的品牌,借助科技园或孵化器的品牌及有影响力人士对企业的认可,开展科技创业活动。第五,文化资源。科技特派员这样一个团体,他们对创业有着内在的渴望,愿意通过创业追求更高的自我价值,在这种激励下,科技特派员之间就形成了一种相互激励的、相互赶超的创业氛围,他们既相互竞争,又相互交流学习,形成一种积极的科技创业文化。

③从整个科技创业系统看,科技特派员基于自身的技术、人才资源识别贫困地区的科技创业机会,在识别出有效的机会后,基于自己的专业技术、人脉资源去获取更多的政策资源、人才资源、信息资源、科技资源、

资本要素，将潜在的商机转化为具体的创业活动，以创办企业的形式完成创业机会的开发。在这个基础上，将管理资源、资本资源等资源与贫困地区特有的资源有效耦合，提高企业竞争力，创造出良好的经济效益，形成有效的科技创业结果。

（3）贫困地区科技创业机制

①从动力机制来看。科技特派员的创业属于成就型动机。科技特派员为了追求更高的社会价值，主动到贫困地区创新创业，将自有的科技资源转化为现实生产力，带动贫困地区的发展，在创造经济、社会效益的同时，实现个人价值。

②从决策机制来看。科技特派员在科技创业中，首先，通过对口为贫困地区引入科技要素，通过准确对接贫困地区具体的科技要素需求，并通过专家项目评估团队，认真分析拟创业项目，对创业项目进行科学的选择。其次，在遴选出科技创业项目后，对项目的经济效益、社会效益及技术效益进行综合评估，在这个环节，科技特派员可得到政府部门、社会组织的帮助，让他们能更准确地认知创业项目。最后，对贫困地区的外部环境进行综合评价，认知项目建设中可能存在的风险，趋利避害，保证项目能以最小的风险创造最大的价值。

③从管理机制来看。最初的创业阶段，科技创业的企业规模较小，创业者基于自己的能力或借助所属单位、组织的帮助可进行企业的管理。随着企业规模的壮大，科技特派员会引入现代企业管理制度，通过职业经理人，参与到企业经营管理，将技术团队与经营管理团队分离，实现专业化经营。科技特派员的信息渠道相对较广，这方便他们去遴选更有效的管理人才。

④从激励机制来看。科技特派员的科技创业可通过先进技术提高贫困地区要素的生产效率，得到更高的超额利润，经济激励可以让科技特派员积极参与到创业活动中。近些年随着政府对科技人才的支持与激励，他们可以分享到更多的产业收益，这使得他们更有动力参与到贫困地区的科技创业活动中。此外，科技特派员在精神层面也有更高的追求，他们希望在贫困地区建功立业，实现更高的人生价值，通过服务社会得到更多的社会

尊重与更高的社会地位。

⑤从保障机制来看。政府的政策支持对宁夏科技特派员的科技创业活动起到了重要的作用。宁夏从2002年开始实施科技特派员项目，从最早的《宁夏回族自治区科技特派员创业行动方案》《宁夏回族自治区科技特派员创业行动试点办法》到2014年发布的《自治区科技特派员创业行动专项资金管理暂行办法》，近10多年间，宁夏发布了近30项政策文件，涉及科技特派员项目支持、资金管理使用、科技特派员创业支持、特派员产业链、大学生科技特派员扶持、金融支持、农村信息化等各个方面，形成一套较为完善的政策法规体系，使得各地在执行科技特派员项目中有法可依、有章可循，科技特派员制度的可操作性不断增强。随着政府不断理顺科技特派员创业活动的利益分配机制，科技特派员创业的市场导向越来越明显，这对保障科技特派员科技创业活动的持续运作起到积极作用。

3. 小结

科技特派员科技创业作为一项贫困地区科技创业的典型模式，在全国各地都有巨大的影响力。在对宁夏科技特派员科技创业案例的总结分析中发现将贫困地区缺乏的科技资源外力导入后，通过理顺各项运行机制，贫困地区可以进行科技创业活动，也可以通过科技提高本地资源的生产效率，在产生经济效益的同时实现扶贫开发的社会效益。

6.5.2 "龚康辣椒王"创业案例[①]

"龚康辣椒王"是湖南省张家界市永定区王家坪镇的农民企业家龚中建创办的一家辣椒品牌企业。该企业充分挖掘当地的辣椒资源，通过产品和服务的模仿或渐进式创新，采用"公司+合作社+农户"的模式，在创造了良好的经济效益、社会效益的同时，也开创了一种贫困地区科技创业的典型模式。

---

① 本案例分析的部分原始素材取自《贫困地区创业管理案例研究》中的"龚康辣椒王的机会识别与资源利用"案例。

1. 案例背景

龚中建出生于湖南省张家界市永定区王家坪镇的一个普通农村,该地群山环绕、交通不便,属于革命老区县,是典型的贫困地区,在片区扶贫战略中被纳入武陵山片区区域发展与扶贫攻坚规划范畴。当地经济主要以农业为主,拥有板栗、百合、猕猴桃等特色产品,历史上该地经济发展水平不高,资料显示,2002 年,该地农民人均纯收入 1936 元。

龚中建 1997 年在当地开了一家米粉店,经营普通的早餐、中餐。虽然经过辛苦创业,龚中建的收入状况有所改观,但这次创业并没有让他走上真正的致富之路。在日复一日的劳作中,龚中建一直在思考如何能够进行更好的经营,但始终没有让自己的米粉店做大做强。

偶然的机会,龚中建发现虽然自己经营的餐食与其他家比没什么亮点,但一些顾客却对自家的辣椒酱赞不绝口,甚至有些顾客提出要单独购买辣椒酱。龚中建的辣椒酱是自家生产的,并非市场购得,长期经营中,龚中建通过对比发现镇上其他家餐馆的辣椒酱确实也没什么特色,虽然当地人都会做辣椒酱,但做得好的却不多。龚中建做的辣椒酱采用的是本地特有的七星椒和红头大蒜,配以天然的六月椒,用山茶油浸泡而成,风味独特,久藏不腐。

在这样一个背景下,龚中建萌生了一个新的创业想法,既然顾客对自家的辣椒酱更感兴趣,能不能专门生产辣椒酱,而且当时镇上盛产辣椒却没有知名的产品与专业的生产企业,自己可以填补这个空白。龚中建的想法也得到了妻子的支持,两人决定改行做剁辣椒。2007 年,龚中建带着经营米粉店的积蓄资金,创办了剁辣椒工厂,并取名"龚康",在完成了工商、卫生、食品等相关注册登记手续后,"龚康辣椒王"正式进入市场。

企业创办成功之后,龚中建开始琢磨怎么能让自己的产品更有新意。他对产品的包装进行了创新,通过请专门的工厂生产紫砂瓶来装剁辣椒,消费者买回去吃完辣椒酱,还可以把这个带有"龚康"商标的精美瓶子留作他用,既提高了产品的档次又在消费者中打出了广告。对包装的精心设计,对产品的严格把控,"龚康辣椒王"一炮而红。到 2013 年,"龚康辣椒王"成为当地的特色代表农产品,产品市场从张家界扩大到整个湖南,并取得了较高的市场美誉度。

剁辣椒产品的试水成功并没有让龚中建沾沾自喜,在激烈的市场竞争中,他开始思索如何更好地提高产品的竞争力。在经过快速发展后,当地七星椒种植业面临着农业生产条件差、劳动力短缺、栽培技术体系不完善、品种单一的问题,这些情况成为"龚康"保证产品质量的潜在风险。在这个背景下,龚中建从产业链着手,进入原材料生产领域。他首先成立了七星椒专业合作社,通过订单农业方式进入原材料生产领域。龚中建的这一举动,除了提高了"龚康辣椒王"的竞争力外,还显著带动了当地七星椒产业的发展。在当地政府的支持下,龚中建的生产基地又与湖南农科院建立起产学研合作平台,通过加强科研推广,开展技术培训,提高七星椒的生产效益。此后,龚中建成立"龚康辣椒王有限责任公司",在当地全面推广"公司+基地+农户产业链"的经营模式,产生了巨大的经济效益、社会效益,成为当地脱贫致富的主力军。

2. 案例分析

(1) 贫困地区科技创业微观经济系统

①创业者特征。在本案例中,主人公就是一个普普通通的农民,或者说是贫困地区的一个能人。从科技要素禀赋看,其并没有相关的科学技术素养,甚至都没有一个完整的教育文凭。这也是大多数贫困地区创业者的真实写照。从包容性科技创新理念出发,对于这类创业者,不能只强调他们自身的科学素养,而应更多地看待他们潜在的使用科技、驾驭科技的能力。龚中建在创业中,把自家做辣椒酱的技术进行了市场化改造,通过技术革新(包装创新与产品质量把控)创业成功。此后,又在产业升级中进入原材料生产领域,通过引入外来科技要素,探索适合本企业经营的合作社商业模式,并取得了更大成功。在这个过程中,创业者对科技的需求与使用一步步显示出来,所以在贫困地区进行科技创业,要更多地去理解他们的技术诉求,通过激发他们的技术实力去完成科技创业活动。

②创业者动因。在整个创业过程中,龚中建一直是基于自己的努力不

断前行,最初他创立米粉店是为满足生计,改行进入辣椒酱生产领域也是为了追求更好的生活。所以,贫困地区本土创业者更多是基于生存动机的创业行为。在创办辣椒酱企业的过程中,龚中建把生产技术作为私人信息与个人创业资本,希望能将这种资本效益最大化,正是在对自身所拥有的资本价值逐利中,才推动了他冒险去创业。此外,激发龚中建创业的还有他在经营米粉店过程中积累起来的社会资本,如企业经营技能、经商朋友圈、对当地政府工商服务的认知等,也让他有了比普通人更强的风险认知能力。在这两者的共同作用下,龚中建具备了创业所必需的创业逐利动机与敢于承担风险的积极创业心态,在外在环境的驱使下,他更愿意通过创业活动去生存。而具体到科技创业,龚中建拥有一定的技术资本,这也是他去进行创业的关键所在。从这个角度看,如何通过科技培训,让贫困地区的创业者能够有效识别其所具有的技术资本,也是带动他们创业的关键节点。

(2)贫困地区科技创业系统

贫困地区的科技创业就是创业者组合创业资源形成产品并创造价值的过程。

①从要素资源看。第一,技术资源。龚中建拥有制造辣椒酱的关键技术,且该技术在当地有一定的竞争力,这是其进行科技创业的第一要素。第二,人才资源。本案例的创业规模相对较小,最初只有龚中建夫妇两人,随着生产规模的扩大,对经营管理的人才需求增加,其通过市场进行雇佣。到后来其建立公司成为龙头企业后,当地政府协助他与科研机构开展产学研合作,满足技术人才需求。又通过专业培训与人才招聘,满足管理人才的需求。第三,资金要素。龚中建创业的最初资金来自自我积累,基本满足了小规模的创业活动。到后期的创业活动中,政府的信贷支持、商业融资等为其扩大经营提供了重要的帮助。第四,场地资源。在本案例中,创业者当地特殊的农业生产区位为创业成功打下了重要的基础。龚中建的创业一直围绕着辣椒做文章,正是当地特有的七星椒生产资源,才为其提供了创业平台。在创业后期,龚中建在当地大力发展辣椒种植合作

社，通过"公司+农户"的模式很好地开发了当地的特色农产品。

②从环境资源看。第一，政策资源。在龚中建创业成功后，当地政府把七星椒产业作为重要的支柱产业，通过制定各种政策大力做强七星椒产业，并在基础设施建设、产学研合作、信贷支持、专业市场建设、品牌运营等方面给予了创业者极大的帮扶。第二，服务资源。在龚中建创业中，湖南省农业科学院（简称农学院）一直与其开展技术合作，对七星椒种植提供技术支持，对提高产品竞争力做出了重要贡献。第三，信息资源。在本案例中，创业者对信息的精准把握对其创业成功功不可没。在创业之初，龚中建意识到可以把辣椒酱这种农产品做成土特产，在市场中实现价值增值。在扩大经营中，龚中建又把品牌做成公司，沿产业链开发新的经营空间。第四，品牌资源。龚中建在创业之初就创建"龚康"品牌，并通过特色的包装进行品牌推广。在进入到七星椒种植产业后，又成立了合作社、公司，在政府的帮助下，打造本土品牌。在进行产学研合作中，借助农科院的技术品牌来发展生产，这些都为他的创业做出重要贡献。

③在整个创业过程中，龚中建基于多年自主经营的经验，对自身拥有的做辣椒酱的技术资本及时认知，在对周边环境资源进行了解的基础上，将自身积累的资本要素与技术要素对接，并精准分析市场信息资源，完成了机会开发的过程，顺利创办"龚康"品牌，完成了初始创业。在经营中，龚中建认真审视其所拥有的场地资源，将其与政策资源、服务资源、信息资源等环境有效整合，再通过其所拥有的技术资源对这些要素进行有效控制，各要素达到一种稳定运行的状态，构建起一个良性的科技创业运行系统。

（3）贫困地区科技创业机制

①从动力机制来看。本案例的创业者更多的是在生存型动机下，不断对周边的环境进行整合，完成创业过程。在创业初期，龚中建凭借个人的技术能力及风险承受能力，在创业中整合人力资源，推动创业活动向前发展。在创业后期，激励其继续创业的动力则来自于对商业价值的追求，在市场机制下，由个人的领导变为一个创业团队，成为一个企业，通过人才

的流动，不断提升企业的竞争力。

②从决策机制来看。龚中建依靠农产品加工技术，在第一产业进行创业活动，并不断改进技术，实现科技创业活动。发展到一定阶段后，龚中建创办起现代农业企业，围绕特色的七星椒资源，利用农村的劳动力、土地、生态资源发展现代生产，通过市场进行规模经营。在这个过程中，通过外力引入科技要素，在生产中实现科技支撑，壮大企业规模。龚中建在每个环节都有效地识别了科技创业的机会，形成了有效的创业决策。

③从管理机制来看。最初的创业阶段，龚中建的管理经验来源于其长期自主经营积累的管理经验，并参加一些财务、销售等培训讲座，凭借个人能力经营企业。企业发展壮大后，创业者又不断引入合作者，通过组建管理团队，让决策管理更加科学。

④从激励机制来看。龚中建将技术转化为产品，在市场中获得经济效益，这对他的创业活动产生了有效的激励。在企业扩张中，他又通过合作社商业模式，通过技术输出，把自己的经营规模迅速扩大，这既增加了创业者的商业效益，又产生了良好的社会影响，对创业者来讲是名利双收，这更加激励他去做大做强，采用更先进的技术去创业。

⑤从保障机制来看。政府的政策支持对龚中建后期创业活动起到了重要作用，特别是张家界市市长针对其合作社进行调研后，当地政府制定了一系列的扶持政策，这对龚中建做大产业规模、提升竞争力产生了重要的影响。此外，当地虽属于贫困地区，但是作为国内知名的旅游景点，这里的信息流要比其他贫困地区发达，通过与外界的交流，这里的创业氛围相对较浓厚，很多人愿意创业也敢于创业，这种创业文化氛围对龚中建的影响也较大。

3. 小结

通过龚中建的创业案例可以看出，在贫困地区进行科技创业，要充分挖掘当地特有的技术、要素资源，通过科技的支撑，让其更有效地对接市场，将这些要素的价值发挥出来，这也需要全社会对贫困地区本土科技创业人才、创业活动有更多的包容。在创业中，初始创业可能科技含量很低，但发展到一定阶段后，要注重对他们的科技引导，为他们的创业活动注入更多的科技要素，提高竞争力。此外，在整个科技创业活动中，贫困地区的理念更新要先行，要让贫困地区的创业者主动去寻找身边的创业机会，并敢于实践，只有在识别了机会的基础上，才能有目标地把外在的科技要素接入，帮助他们进行更高效率的创新创业。

6.6 贫困地区科技创业的政策支持研究

6.6.1 积极探索有利于农村科技创业的体制机制创新

反观近年来我国农村地区的创业行为，不难看出，技术作用的发挥很大程度上依赖于体制机制的创新。特别是在现今 6 次产业发展的大背景下，农村科技创业的内涵也发生了深刻的变化，对农村科技领域的政策扶持提出了全新的要求。

6.6.2 开展产业链金融创新，解决农村创业者融资难问题

支持电商平台与金融机构联合，针对全产业链开展金融创新，为产业链各个环节的参与者提供一揽子金融服务，解决农产品普遍分散低效的产销模式，逐步形成规模集约的农产品电子商务平台。同时，应从产业链金融角度加强各环节参与者的互动与合作。

6.6.3 协调有关部门出台推动农村科技创业的支持政策

在注重技术支持的同时，尽快研究提出相关配套政策措施，依托重大科技项目，重点解决农村电子商务物流、产业领域的关键环节和瓶颈问题。积极与农业部、税务总局等相关部门开展沟通，采取优惠的税收与信贷政策，支持农村中小企业开展创新创业活动。

6.6.4 加强人力资本投资，提高贫困地区的自我开发能力

在传统的投资中，重点放在物力投资方面，而对于教育投资和医疗卫生等方面的有利于人力资本积累的事业投资较少，导致教育的落后和人的

素质跟不上时代发展的需要。而且教育投资的外溢效应非常严重，城市的发展造成了对落后地区人力资本的剥夺。国外发展的经验表明，人力资本投资对经济发展的拉动力远远大于物力资本。所以，政府必须要转变扶贫开发投资观念，在加强基础设施建设的过程中，必须同时增加教育、医疗卫生和社会保障方面的投入力度，提高农村人力资源素质的同时，把优质的人力资源留在农村、建设农村，甚至把一些外部的优质资源引入农村创业，形成民族地区农村优质资源的合理配置，将资源的比较优势转变成竞争优势。

6.6.5　实施贫困地区科技创业促进政策

一是完善相关的制度和措施，不断健全以人为本的政策体系。要因地制宜地围绕贫困地区科技创业型人才开发现状，在规划、投入、培养、引进、考核、使用、奖惩等方面，不断健全以人为本的政策体系，充分调动社会各界的积极因素，为实施农村创业型人才开发战略提供坚实的物质基础和政策保障。在软环境方面，着重减少创新创业的各种障碍，降低农村居民创业的门槛，并在企业注册、行业准入、许可经营、税收政策和融资等方面给予特定的支持和倾斜。

二是建立多种形式的奖励制度，激发人们在农村开展创新创业的热情。贫困地区存在着一定的资源优势，但是由于各种客观的条件限制，人们到贫困地区投资的意愿还不高，只有政府出台相关的政策引导才能形成良好的创业氛围，提高贫困地区农村劳动力的就业质量和农村经济发展水平。建立诸如专业进修、人才引进和市场拓展引导等方面的奖励制度，有效提升农村创业者的创业层次和创业成功率。

三是出台优惠的创业人才引进政策，提高贫困地区创业型人才队伍质量。贫困地区人力资源是科技创业型人才的主要基础，引进外部人才到农村创业已经成为解决燃眉之急的重要举措。政府出台优惠的创业政策和人才引进政策，吸引外部企业和人才到贫困地区农村创业或者带动当地农民开展创业活动，促进农村经济规模化和现代化发展。

6.6.6 创造良好的科技环境

一方面，降低专业资料获取难度，提供较好资料支撑。贫困地区科技创业是与农业科技紧密相连的，它的成长与发展需要较好的科技支撑。因此，农业科技相关专业的资料获取对于其发展来说是至关重要的，能够帮助农业科技创业企业营造较好的专业环境。这也需要政府与农业科技创业企业共同努力，双管齐下进行创造。政府应当加大相关财政投入，设立专项扶持基金，为科技创业企业提供充足的专业资料保障，帮助科技创业企业获得更好的科技支持，以促进其平稳健康的发展，使其能够较好地融入农业现代化进程中。农业科技创业企业自身应当加强与相关高等院校及科研院所的合作，尤其是产学研的合作。充分利用这些高等院校和科研院所的相关资源，为自身资料的获得打下坚实的基础。同时，与高等院校和科研院所的合作也有助于农业科技创业企业获取最新的科技成果，为其创造出良好的科研环境。此外，农业科技的成果大多产生于产学研的合作中，因此，应当合理分配合作各方的利益，保持各方的积极性，形成科技合作的长效机制。

另一方面，加强与相关专家的合作，获取专家支持。贫困地区科技创业企业在发展自身的同时应当加强与相关科学技术专家的合作。可以经常邀请相关专家到企业做系列讲座，为企业讲解科学技术知识，传播最新的科学技术成果，使企业能够较快地获取最新信息和资料。同时，与相关专家的合作，有助于建立企业与专家的良好关系，为自身获取资料和专业知识打下较好的基础，创造较好的科技环境。

6.6.7 创新科技创业资源的配置机制

①人才方面。一方面要拓宽人才队伍，突破身份、领域、行业、部门、区域的限制，吸引科技人员、大学生、复转军人、返乡农民工、农村青年等优秀技术、管理、经营人才加入创业队伍中来。推动法人科技特派员、农业合作组织等组织机构加入科技特派员中，发挥法人科技特派员的

带动和引领作用,提升创业主体的质量和水平。开展国内外的科技特派员交流合作,在全球全国范围内整合人才资源为当地特色产业发展提供支持。另一方面要开发利用好科技特派员人才资源。通过多种形式的培育交流,形成多层次的人力资源开发机制,提升创业型科技特派员的科技创新能力,培训科技特派员创业所带领的农民,提高来源于科研院所科技人员的理论与实践相结合的能力,实现科技服务与科技创业相结合。加强对农村科技创业人才的培养,鼓励和支持有条件的地方建立科技特派员创业培训基地,建立稳定、持续的培训机制,开展生产技术、企业管理、市场营销、财税政策、金融保险等知识与技能的创业培训,进一步提升科技特派员的创业能力,壮大农村科技创业人才和实用人才队伍。

②政府支持方面。要优化政府资源配置,集成国家科技计划、地方科技计划,带动相关行业和领域的项目、资金等各类科技资源向科技特派员农村科技创业工作倾斜,支持科技特派员创新创业和服务。推进农村信息化建设工作,提高农村的信息化水平,为科技特派员创新创业提供信息支撑。有针对性地制定农村科技特派员的政策法规,如财税支持政策、法律保障政策、人事管理政策等,通过政策导向完善利益机制、激励机制和监督机制。此外,科技特派员不是一个孤立的政策项目,它的实施运行涉及多种政策制度,如土地流转、科技体制、社会保障、财政体制等,因此,要把科技特派员作为一个重要的"三农"服务着力点,在这些相关的政策体制调整中,对科技特派员制度进行统筹安排,逐步构建科技特派员的外部政策保障。

7 政府支持农村科技创业的政策特点及问题分析

7.1 背景及意义

近几年,随着我国大众创业、万众创新活动的不断兴起,为农民创新创业创造了良好的环境。大批农民工、大学生、退役士兵、农业科技人员等返乡下乡创新创业,大众创业、万众创新的新浪潮席卷全国,呈现出人数越来越多、领域越来越宽、起点越来越高、成效越来越好的可喜局面,既为解决当前矛盾提供了新办法,又为长远发展注入了新动能。据不完全统计,目前各类返乡下乡人员已达700万人,规模还将继续壮大,是巨大的发展红利,对推进农业供给侧结构性改革、培育农业农村发展新动能必将发挥重要作用。

7.1.1 支持农村科技创业,可以为发展现代农业注入新要素,助推农业强起来

现代农业发展难以有持久动力。随着我国资源环境约束日益增强,农业资源要素驱动力逐步减弱,传统发展方式难以为继。推进农民创新创业,支持农民适应市场需求,以自身资金、技术和经验积累为基础,创办产业和企业,创新技术、业态和商业模式,有利于农业实施创新驱动,转变发展方式,为农业农村经济发展不断培植新的增长点和动力源。

7.1.2 支持农村科技创业,可以为增加农民收入开辟新渠道,助推农民富起来

习近平总书记强调:"小康不小康,关键看老乡。"检验农村工作成效的

一个重要尺度,就是看农民的钱袋子鼓没鼓起来。近年来,受多种因素影响,农民持续增收的传统动能在逐渐减弱,迫切需要培育新的动能、开辟新的渠道。引导有意愿、有能力的人员到农村创办领办新型经营主体和服务主体,既可以让他们施展才干、实现个人价值,同时也可以带动农民增收致富,实现以创新促创业、以创业促就业、以就业促增收的良性循环。据统计,在返乡下乡人员创办的企业中,有80%以上都是新产业新业态新模式和产业融合项目,这已经成为农民就业增收的新渠道、新亮点。

7.1.3 支持农村科技创业,可以为建设社会主义新农村构建新模式,助推农村美起来

长期以来,受城乡二元结构的影响,我国农村资源要素特别是青壮年劳动力大多向城镇单向流动,带来农村"三留守"和空心化等突出问题,这对农村和谐稳定和长远发展十分不利。支持农村科技创业,有利于带动城镇资源要素向农村流动,促进城乡要素双向流动和城乡一体化发展。农村创业者积极投身现代农业和新农村建设,以独特的方式架起了城乡互动的桥梁,不仅促进了农业发展,而且推动了农村人居环境整治和美丽乡村建设,形成了充满生机的特色小镇和县域经济,探索出构建新型城乡关系的新模式。

实践证明,农村是创新创业的广阔天地,空间广、潜力大、前景广阔。当年,亿万农民群众发展乡镇企业形成异军突起之势,为改变农业农村贫困落后面貌发挥了历史性作用。如今,农村科技创业也必将为促进农业农村新的发展提供不竭动力和源头活水。

7.2 农村科技创新创业的政策梳理及特点归纳

整体来看,近几年我国政府出台的推动农村科技创新创业的政策,呈现出体系化的特点,具体表现为如下几个方面。

7.2.1 政策制定的顶层化

近两年来，农村科技创新创业的各种"顶层设计"密集出炉（表7.1）。这些顶层设计是由中央从全局的角度出发，系统地对农村创新创业进行的统筹规划。高频的制度设计，涵盖的领域非常广阔。在经济层面，有财政税收、金融服务、农村土地制度等；在社会层面，有户籍制度改革、养老金并轨、事业单位改革等。

表7.1 国务院/国务院办公厅发布的相关政策

政策名称	时间	主要目标/措施
《关于深入推进农业供给侧结构性改革 加快培育农业农村发展新动能的若干意见》	2016年12月31日	完善城乡劳动者平等就业制度，健全农业劳动力转移就业服务体系，鼓励多渠道就业，切实保障农民工合法权益，着力解决新生代、身患职业病等农民工群体面临的突出问题。支持进城农民工返乡创业，带动现代农业和农村新产业新业态发展。鼓励高校毕业生、企业主、农业科技人员、留学归国人员等各类人才回乡下乡创新创业，将现代科技、生产方式和经营模式引入农村。整合落实支持农村创新创业的市场准入、财政税收、金融服务、用地用电、创业培训、社会保障等方面优惠政策。鼓励各地建立返乡创业园、创业孵化基地、创客服务平台，开设开放式服务窗口，提供一站式服务
《关于支持返乡下乡人员创新创业 促进农村一二三产业融合发展的意见》	2016年11月29日	简化市场准入；改善金融服务；加大财政支持力度；落实用地用电支持措施；开展创业培训；完善社会保障政策；强化信息技术支撑；创建创业园区（基地）
《关于深入推行科技特派员制度的若干意见》	2016年5月19日	壮大科技特派员队伍；完善科技特派员选派政策；健全科技特派员支持机制
《关于促进农村电子商务加快发展的指导意见》	2015年11月9日	加强政策扶持；鼓励和支持开拓创新；大力培养农村电商人才；加快完善农村物流体系；加强农村基础设施建设；加大金融支持力度；营造规范有序的市场环境

续表

政策名称	时间	主要目标/措施
《关于支持农民工等人员返乡创业的意见》	2015年6月21日	降低返乡创业门槛；落实定向减税和普遍性降费政策；加大财政支持力度；强化返乡创业金融服务；完善返乡创业园支持政策
《国务院关于进一步做好为农民工服务工作的意见》	2014年9月12日	完善和落实促进农民工就业创业的政策。进一步清理针对农民工就业的户籍限制等歧视性规定，保障城乡劳动者平等就业权利。实现就业信息全国联网，为农民工提供免费的就业信息服务。完善城乡均等的公共就业服务体系。组织开展农民工就业服务"春风行动"，加强农村劳动力转移就业工作示范县建设。大力发展服务业特别是家庭服务业和中小微企业。积极支持农产品产地初加工、休闲农业发展，引导有市场、有效益的劳动密集型产业优先向中西部转移，吸纳从东部返乡和就近转移的农民工就业。将农民工纳入创业政策扶持范围，运用财政支持、创业投资引导和创业培训、政策性金融服务、小额担保贷款和贴息、生产经营场地和创业孵化基地等扶持政策，促进农民工创业。做好老少边穷地区、牧区、库区、渔区农牧渔民转移就业工作和农民工境外就业服务工作
《关于落实中共中央国务院关于加快发展现代农业进一步增强农村发展活力若干意见有关政策措施分工的通知》	2013年2月7日	关于"加强农业科技创新能力条件建设和知识产权保护，继续实施种业发展等重点科技专项，加快粮棉油糖等农机装备、高效安全肥料农药兽药研发"的问题，由科技部、农业部会同发展改革委、财政部、知识产权局、工业和信息化部等部门负责落实
《关于加快推进农业科技创新持续增强农产品供给保障能力的若干意见》	2012年2月2日	加大投入强度和工作力度，持续推动农业稳定发展；依靠科技创新驱动，引领支撑现代农业建设；提升农业技术推广能力，大力发展农业社会化服务；加强教育科技培训，全面造就新型农业农村人才队伍；改善设施装备条件，不断夯实农业发展物质基础；提高市场流通效率，切实保障农产品稳定均衡供给

资料来源：国务院官方网站（http://www.gov.cn/）。

例如，国务院办公厅2016年11月印发的《关于支持返乡下乡人员创新创业促进农村一二三产业融合发展的意见》。本文件系统提出了支持返乡下乡人员创新创业的重点领域、主要方式、政策措施和保障条件，形成了比较完整的政策体系，具有4个显著的特点：一是支持范围扩大，从过去支持农民工返乡创业，扩大到现在支持各类返乡下乡人员创新创业，有利于促进资金、技术、人才流向农村；二是政策目标聚焦，把支持创新创业的重点放在推进农村一二三产业融合发展上，延长产业链，提升价值链，带动农民分享增值收益；三是针对性强，坚持问题导向，对返乡下乡人员"创什么、怎么创、在哪创、有什么政策、谁来培训、如何办事、怎么保障"等问题，提出了政策措施和解决方案；四是工作要求明确提出要推进机构，建立协调机制，形成政策落实督查制度。

7.2.2 政策出台的联动化

大部分农村科技创新创业的政策表现出联动性的特点。

一是由国务院多个部门联合制定出台，共同支持"双创"在农村地区的开展，实现了政策执行过程中的合力作用（表7.2）。例如，科技部会同教育部、人社部、农业部、国家林业局、银监会、共青团中央、供销合作总社、全国妇联、国家粮食局10个部门成立科技特派员农村科技创业行动协调指导小组，合作开展了"林业科技特派员科技创业专项行动""农村青年科技特派员创业专项行动""农村流通领域科技特派员创业行动"，开展了全国巾帼创业基地和巾帼科技特派员等特色工作；科技部、教育部批准中国农业大学等39所高校开展新农村发展研究院建设，探索农科教、产学研相结合的大学农业科技服务模式，协同配合，形成合力，共同推动农村科技创新创业进一步开展；农业部联合发展改革委、财政部、人社部等11个部门组成了农村创新创业推进协调小组及办公室，统筹研究农村创新创业政策并督促抓好落实，形成齐抓共管、共同推进的工作合力。

7 政府支持农村科技创业的政策特点及问题分析

表 7.2 部委相关政策

部委	政策名称	时间	措施
商务部、中央网信办、发展改革委	《电子商务"十三五"发展规划》	2016年12月24日	（一）加快电子商务提质升级；（二）推进电子商务与传统产业深度融合；（三）发展电子商务要素市场；（四）完善电子商务民生服务体系；（五）优化电子商务治理环境
科技部、教育部、中国科学院、中国工程院、自然科学基金会、国防科工局、国务院扶贫办	《科技扶贫行动方案》	2016年10月13日	（一）关键技术攻关行动；（二）成果转移转化行动；（三）创业载体建设行动；（四）创新要素对接行动；（五）科技特派员创业扶贫行动；（六）脱贫带头人培养行动；（七）进乡入村科普行动
商务部、中央网信办、发展改革委	《关于促进农村生活服务业发展扩大农村服务消费的指导意见》	2016年10月8日	一是加快推动农村生活服务业发展专项规划的制定和贯彻落实。二是会同有关部门完善财税、金融等支持政策。三是充分发挥农民工和大学生返乡创业的积极性，加大培训力度，激发农村市场活力。四是健全统计监测体系，加强运行分析，鼓励信息共享，引导企业经营和居民消费。五是充分运用传统媒体和互联网等新媒体平台，引导农村居民转变传统消费观念；总结发展农村生活服务业的成功经验和做法，为农村生活服务业发展营造良好的社会氛围和舆论环境
科技部	《关于贯彻落实中央一号文件精神加快农村科技创新创业的意见》	2012年3月27日	（一）组织实施农业科技重点专项；（二）启动实施种业科技创新行动；（三）深入推进科技特派员农村科技创业行动；（四）推进新型农村科技服务体系建设；（五）加快国家农业高新技术示范区和国家农业科技园区建设；（六）实施国家农村信息化示范省建设；（七）深化农村科技管理改革；（八）持续加大农业科技投入；（九）强化农业科技创新平台建设；（十）培养农业科技人才队伍；（十一）推动农业科技与金融结合；（十二）扩大农业科技国际合作；（十三）增强基层科技能力建设；（十四）加强农村科技的组织领导

续表

部委	政策名称	时间	措施
科技部、农业部、教育部等	《"十二五"农业与农村科技发展规划》	2012年3月15日	（一）加强农业与农村科技工作的组织领导；（二）深化农业与农村科技计划管理改革；（三）加大农业科技投入强度；（四）强化科技创新平台建设；（五）加快农业科技人才队伍建设；（六）增强涉农企业技术研发能力；（七）推进国际农业科技合作与交流

二是地方积极响应，实现纵向联动（表7.3）。以科技特派员制度为例，2016年5月，国务院办公厅下发《关于深入推行科技特派员制度的若干意见》（国办发〔2016〕32号），首次在国家层面对科技特派员制度进行了谋篇布局。随后，31个省、自治区、直辖市陆续出台了《深入推行科技特派员制度的若干意见》或《实施方案》。以广东省为例，2016年9月13日，为贯彻落实国务院办公厅下发的《关于深入推行科技特派员制度的若干意见》精神，进一步促进科技特派员工作，完善科技特派员创新创业制度，激发广大科技特派员创新创业热情，推进农村大众创业、万众创新，促进一二三产业融合发展，广东省政府出台了《关于深入推进科技特派员制度的实施意见》；江苏省推进建设农村科技服务超市，有效整合了政府与市场的科技资源；云南省依托区位优势，发展国际科技特派员工作；宁夏回族自治区在7个县区设立了科技特派员贷款担保基金。

表7.3 地方政府相关政策

地方政府	政策名称	时间	措施
北京市	《关于进一步加强农业科技工作的意见》	2012年11月29日	加强农业技术推广服务体系和能力建设；着力培养农业科技人才和新型职业农民；持续加大农业科技投入力度

续表

地方政府	政策名称	时间	措施
河北省	《河北省现代农业发展规划（2012—2015年）》	2012年7月12日	加强现代农业科技和人才支撑
广西壮族自治区	《关于加快新型职业农民培育工作的意见》	2015年6月3日	注重培养农业后继者，主要包括大中专院校毕业生、返乡青年农民工、复转军人等。加大现代青年农场主培训支持力度，遴选部分种养大户和返乡创业的大学生、农民工重点培养，支持农村青年创业兴业
广东省	《关于深入推进科技特派员制度的实施意见》	2016年9月13日	（一）优化科技特派员队伍结构；（二）大力培育新型经营主体；（三）加快推动精准扶贫；（四）着力构建农业科技孵化育成体系；（五）积极推进农村信息化建设
海南省	《关于支持农民工等人员返乡创业的实施意见》	2015年12月31日	降低返乡创业门槛；落实减税降费等政策；加大财政支持力度；强化返乡创业金融服务；完善返乡创业园支持政策
重庆市	《重庆市农业农村发展"十三五"规划》	2016年10月17日	开展农民创新创业促进行动；支持返乡农民工、普通中高等学校毕业生、退役士兵、大学生村官、农村能人等创办领办家庭农场、农民合作社和小微企业；探索资金链引导创新创业链、创新创业链支持产业链、产业链带动就业链的发展模式，培育一批创新创业带头人和辅导师，树立一批创新创业典型
云南省	《关于培育壮大农业小巨人的意见》	2015年11月17日	加大对农业小巨人技术创新知识产权保护等方面的引导和支持力度；用好科技平台构建"产学研一体化的技术创新体系"；省直有关部门要将农业小巨人列为农业科技成果转化和科技服务重点对象；对农业小巨人申报的科技项目给予优先立项，增强农业小巨人的科技自主创新能力

续表

地方政府	政策名称	时间	措施
甘肃省	《关于支持农民工等人员返乡创业的实施意见》	2015年9月13日	强化创业基层平台服务；强化创业网络技术服务；强化返乡创业项目库建设；强化创新创业科技服务；强化创业培训服务；强化创业社会保障和中介服务
宁夏回族自治区	《关于进一步做好为农民工服务工作的实施意见》	2015年4月20日	完善和落实促进农民工就业创业政策，引导农民工有序外出就业，鼓励农民工就地就近转移就业，扶持农民工返乡创业。加大小额担保贷款扶持力度，积极扶持进城务工人员创业。加快建设中国（宁夏）人力资源发展促进中心，完善城乡均等的公共就业服务体系，依托基层公共就业服务平台，充实完善人力资源社会保障12333咨询服务平台功能，有针对性地为农民工提供政策咨询、职业指导、职业介绍等公共就业服务。逐步实现就业信息全区联网，为农民工提供免费的就业信息服务。组织开展农民工就业服务"春风行动"，加强农村劳动力转移就业工作示范县建设，发挥示范县培训、就业、维权等方面的引领作用，提升转移就业层次

7.2.3 覆盖对象的多元化

政策支持对象多元化，覆盖了中小微企业、大学生、返乡农民工、科研人员、职业农民等各类创新创业主体。如重庆市农业农村发展"十三五"规划，明确支持返乡农民工、普通中高等学校毕业生、退役士兵、大学生村官、农村能人等创办领办家庭农场、农民合作社和小微企业。重庆市星创天地政策鼓励创新多种建设与运营模式。铜梁区"龙韵果乡·星创天地"探索的龙头企业模式，利用龙头企业的资金、人力、技术、市场、管理资源，有效解决了平台硬件、网络设施、管理经验、市场需求、示范带动等的建设；璧山区"金色阳光·星创天地"探索的科技园区模式，既可共享园区土地、资金、人才、基地、信息、政策等优势，又可组合形成新的创新创业点，驱动农业产业发展；永川区"种苗云港·星创天地"的"校企合作"模式、重庆畜科院"重牧硅谷·星创天地"的"科研院所"模式等。

7.2.4 支持方式的多样化

在财政投入方面，"十二五"期间，内蒙古在工业、农业、农机等领域实施科技特派员创业行动专项，共立项129项，投入7850万元，其中，内蒙古科技厅拨款2350万元，承担单位自筹5500万元，项目实施后新增产值1.6亿元。在平台载体方面，浙江省通过建设一批省级星创天地，改善农村科技创业条件，孵化培育创新创业企业、新型农业经营主体，鼓励农村科技创新创业者进入国家和地方孵化器创新创业。在社会保障方面，宁夏《关于进一步做好为农民工服务工作的实施意见》中，明确提出加快建设中国（宁夏）人力资源发展促进中心，完善城乡均等的公共就业服务体系，依托基层公共就业服务平台，充实完善人力资源社会保障12333咨询服务平台功能，有针对性地为农民工提供政策咨询、职业指导、职业介绍等公共就业服务。在人才培训方面，辽宁省科技厅为培养现代农业的高级管理人才，打造农业产业化的领军人物，于2011年10月启动实施了农民企业家高级研修班，从结业农民技术员中选择成立农事企业和农民专业合作组织的学员，参照农业MBA的培养模式，开展为期1年的经营管理能力培训。学员经过1年的培训，不但在经营管理能力上有了很大提升，而且相互之间建立了良好的合作关系，延长了产业链，形成联合发展、共同创业的新局面。

7.3 政府推动农村创新创业的典型案例研究——星创天地

7.3.1 星创天地的背景

星创天地是创新驱动发展与时俱进的产物，是"星火计划"的传承与升华。1986—2015年整整30年，"星火计划"通过政府引导，按照市场机制将技术、人才、资本等要素整合，培育科技型乡镇企业和农民企业家，发展农村集体经济，建设星火产业带和星火产业密集区及"星火计划科技扶贫"试验区等，把先进适用技术引向农村促进产业发展，推进农村科技创新创业，走出了一条依靠科技振兴农村经济的成功道路，取得了"有目共睹，有口皆碑"的成就，凝结成了"依靠科技、开拓创新、务实奉献、为民报国"的星火精神。江泽民同志指出"星火计划是我国科技界的一个创举，是引导广大农民依靠科学战胜迷信、摆脱贫困、走向富裕的一次伟大实践"。

对比30年前实施"星火计划"的历史背景，当前建设星创天地同样遇到了经济体制改革和科技体制改革的关键节点。在经济进入新常态背景下，农业现代化仍然是"四化"同步的"短板"，农村仍然是全面建成小康社会的重点难点，农民仍然是我国最大的弱势群体。究其根本原因是农业发展方式落后、科技支撑不足、市场化程度低、市场主体不发达等。因此，只有通过推动农村科技创新创业，才能使农业强起来、农民富起来、农村美起来。星创天地的建设与"星火计划"一脉相承，同样面向基层、面向地方、面向农村，传承了"星火计划"依靠科技创新促进和推动农村经济增长方式转变、依靠科技进步提高劳动生产率和经济效益的宗旨，是发展现代农业的众创空间，是推动农业农村创新创业的重要阵地。相对于"星火计划"，星创天地在服务对象、服务内容、服务方式等方面有了显著提升，从服务"传统农业和传统农民"向服务"现代农业和新型职业农民"转变；从示范推广"短、平、快"的实用技术为主向转移转化"高、新、特"的农业高新技术为主转变；从"科技计划手段"向"市场服务手段"转变；从"输出一人、致富一家"的加法向"一人创业、致富一方"的乘法转变；从"推进农村工业化进程"的目标向"促进农村一二三产业融合发展"的目标转变。星创天地进一步升华了星火精神，将开创科技创新创业引领农业、农村持续、快速、健康发展的新天地，加快农村科技创新创业之火形成更为猛烈的燎原之势。

7.3.2 星创天地的重要意义

经济新常态下发展农业高新技术产业就是要发展壮大农业高新技术企业，关键在于创造农业高新技术发展的良好环境，培育大量的新型职业农民和创新型农业企业家。星创天地简言之是"星火燎原、创新创业、科技顶天、服务立地",既是农业科技创新创业服务平台,又是新型职业农民的"党校"和创新型农业企业家的"摇篮",是农村科技创新服务体系的重要组成部分。具体表现在如下两个方面。

①尽快补齐农村科技创新服务市场机制的短板,着力发展农村科技服务和创业孵化新业态。我国农村科技创新服务体系由公益性服务和市场化服务两部分组成。政府提供的公益性服务和技术推广机制不活、动力不强、效果不佳,远远不能满足"双创"形势下各类创新创业主体对科技创新服务个性化、及时性、有效性的需求。星创天地是农业农村创新创业的载体,是按照市场机制运行的农村科技创新服务体系。一是运营主体为独立法人;二是整合创新创业资源遵循市场规律;三是工作实质在于推进创新链、产业链、资金链、政策链融合发展,形成了"政府引导、市场机制、企业主体、社会参与"的工作原则,与公益性农村科技服务共同构成了"公益+市场"双轮驱动的农村科技创新服务体系。星创天地围绕创新创业链完善服务链,重在发展专业科技服务和综合科技服务,充分运用现代信息和网络技术,依托各类科技创新载体,整合科技服务资源,推动技术集成创新和商业模式创新,融合了科技示范、技术集成、成果转化、融资孵化、创新创业、平台服务等多种功能,积极培育科技服务新业态。为农业农村实体经济转型升级,提供专业化高水平的创新创业服务,形成了高效便捷的创业孵化体系。

②提升新型职业农民创新创业能力和创业成功率,培养一大批创新型农业企业家。专业大户、家庭农场、农民合作社、农业产业化龙头企业等新型农业经营主体的负责人都是新型职业农民,是农业农村创新创业的代表。星创天地为新型职业农民提供更细致、综合的创业服务,更丰富的市场信息和技术信息等信息服务,全方位的专业知识、企业管理等培训服务,更便捷的人才、资金等要素服务,使其树立新观念(主体观念、开拓创新观念、法律观念、诚信观念等),强化新素质(科技素质、文化素质、道德素质、心理素质、身体素质等),提升新能力(发展农业产业化能力、

农村工业化能力、合作组织能力、特色农业能力等），降低创新风险和市场风险，提高创业成功率，成为农业农村创新创业的主力军。企业是创新的主体，企业家是创新的核心，是创新的战略性资源。新型职业农民要从传统的资源利用与开发，转变为更多依靠技术创新和商业模式创新、更有效地配置创新创业资源的真正的创新型企业家还需要一个过程。星创天地就像新型职业农民的"党校"和创新型企业家的"摇篮"，以全面提升新型职业农民及其经营主体的创新能力为核心，引导各类创新要素向新型职业农民集聚，为其提供低成本、专业化、便利化和信息化的创新服务和创业指导，不断增强其创新动力、创新活力、创新实力，使创新转化为实实在在的农业产业活动，并由此成长起一大批创新型农业企业家，形成创新型农业龙头企业"顶天立地"、科技型中小微企业"铺天盖地"的发展格局。

7.3.3 星创天地的内涵及做法

按照《发展"星创天地"工作指引》的要求，星创天地是发展现代农业的众创空间，是农村大众创业、万众创新的有效载体，是新型农业创新创业一站式开放性综合服务平台，旨在通过市场化机制、专业化服务和资本化运作方式，利用线下孵化载体和线上网络平台，聚集创新资源和创业要素，促进农村创新创业的低成本、专业化、便利化和信息化。星创天地作为以企业为主体、市场为导向的农村科技创新服务体系重要组成部分，将完善自身体系建设，为农业农村创新创业提供全方面的服务，构建"创业苗圃＋孵化器＋加速器"的创新创业孵化服务链条。

一是建设以企业为主体的技术创新服务体系。围绕农业科技产业创新创业的产业链需求，搭建集涉农研发、人才、资金、政策、信息和服务平台，集聚农业科技成果研发机构、创新创业人才、重大创新成果等创新资源，帮助企业成为创新的组织者、决策者和受益者。

二是建设以需求为导向的科技成果转移转化服务体系。利用正向和反向的对接与反馈机制，促进先进农业科技成果与农业产业无缝对接，把企业创新需求与高校院所科研能力对接，让高校、院所按照企业的需求进行研发，进而转化。

三是建设面向农业、对接实体经济的企业服务体系。通过开放共享科研设施、生产设备、市场渠道、资本等产业资源，开发优质的创新创业服务产品，提供线上线下多渠道的服务方式，建立健全相关农业创新创业服务机制等，培育壮大能够支撑实体经济发展和产业转型升级的科技企业，带动形成创新产品和新兴业态。

四是建设适应农业创新创业规律的科技金融服务体系。通过推动建立多层次资本市场，大力支持和鼓励创业投资、天使投资发展，以股权投资的方式支持农业农村创新创业。探索推进股权众筹、产品众筹等新型互联网金融模式及筹资方式支持科技型农业企业发展。

五是建设有前瞻性、有针对性、有效落地的农业创新创业政策体系。坚持制度与环境建设为先，对鼓励创新创业的政策先行先试，积极推进农业科技金融、知识产权、技术转移、成果产业化、股权激励、市场准入、行政管理等改革创新，下大力气解决已有政策的落地问题，形成行之有效的创新创业政策体系。

7.3.4 星创天地的发展现状

首批备案的638个星创天地建议备案名单中的申报单位（机构），针对审核备案通过率、主体类型分布、地区差异等进行了分析（表7.4）。

表7.4 备案审核结果分析

区域	备案通过数/个	主体类型为A类的		主体类型为B类的		主体类型为C类的		主体类型为D类的		主体类型为E类的	
		数量/个	比例	数量/个	比例	数量/个	比例	数量/个	比例	数量/个	比例
东部	227	12	5.3%	52	22.9%	22	9.7%	20	8.8%	121	53.3%
中部	220	22	10.0%	28	12.7%	17	7.7%	21	9.5%	132	60.0%
西部	191	21	11.0%	27	14.1%	24	12.6%	19	9.9%	100	52.4%

续表

区域	备案通过数/个	主体类型为A类的		主体类型为B类的		主体类型为C类的		主体类型为D类的		主体类型为E类的	
		数量/个	比例	数量/个	比例	数量/个	比例	数量/个	比例	数量/个	比例
全国	638	55	8.6%	107	16.8%	63	9.9%	60	9.4%	353	55.3%

指标说明：主体类型为A、B、C、D、E类的数量及比例，专家建议备案的星创天地中，其星创天地运营主体的类型为A类的数量及占本区域内所有通过备案的星创天地的比例（其中A类代表科技中介服务机构，B类代表孵化器，C类代表农业科技园区，D类代表农业院校和科研机构，E类代表农业龙头企业）。

星创天地在促进农村农业创新创业方面取得了初步的成效。一是集聚和培养了创业人才，创新了农业产业链创业的培育、孵化服务平台。星创天地聘请一批成功创业者、企业家、天使和创业投资人、专家学者任兼职创业导师，为创业者提供创业辅导与培训，解决涉及技术、管理、财务、市场营销、知识产权等方面的实际问题。638家星创天地统计数据显示，共聚集创业导师5232名，累计培训创业人才226.85万人，培育职业农民28万人，成功孵化10 286家企业，培育农村新型经营主体10 475个。二是促进了农业技术创新和产业化的集成示范，强化了产学研结合。各地突出科技特色和优势，整合科技资源和要素，围绕观光农业、工厂化农业、标准化农业、创意农业、文化农业、"互联网+"农业等领域，由工作平台、创新平台、网络平台、社交平台四大板块构成了现代农业星创天地，利用线下孵化载体和线上网络平台，加快科技成果转化和产业化。638家星创天地累计建立线上网络平台890个。三是利用现代信息技术，搭建了农业科技创新创业的金融对接服务平台。各地通过星创天地开展各类投资洽谈活动，探索利用互联网兼容，股权众筹融资等盘活社会金融资源，通过投融资活动，解决小微企业和创客们资金上的困难。根据统计，拟备案的638家星创天地累计为在孵企业投资113亿元，帮助企业融资59亿元。四是有力地促进了地方特色产业的发展，加快一二三产业融合发展，促进了农业农民增收,实现了产业发展上的精准扶贫,累计带动贫困户100万户。

7.3.5 案例——四川省星创天地

截至目前,四川省16个市州82个县开展了星创天地创建工作,建立服务农业科技人员创新创业的孵化园、创业园、创业苗圃、产业技术服务中心、科技扶贫在线平台等各类形式的星创天地95家,在孵家庭农场、专业大户、专业合作社、小微企业等农村新型经营主体300余家,开展创业教育培训近200次,举办创新创业活动150余次,服务科技人员900多人。2016年全省51个星创天地纳入国家星创天地备案,数量居全国前列,呈现出创新形式多、创新主体活、创新领域宽的特点。

一是发挥高校院所人才优势,创新导师辅导机制。依托四川农业大学、省农科院等省内农业优势科研单位,建立四川农业大学现代农业园、东坡泡菜、省农科院现代农业科技创新示范园区等星创天地5家。平台发挥人才、科技优势,创新"导师团队跟踪指导"的开放性服务机制,提供专业的项目辅导、信息咨询等多元化综合服务。四川农业大学现代农业园入驻创新创业经营主体11家,开展特色种植业、农业"互联网+"等多种经营项目。2016年,园区内大学生创新创业企业获得四川省创业实践挑战赛省级金奖1项、银奖3项。

二是发挥园区载体公益优势,构建综合服务超市。依托国家农业科技园区、生产力促进中心、科技服务发展中心、农村产业技术服务中心等公益类机构,构建射洪县农业创新创业孵化园、甜城农科、叙府农科、邛崃智慧农业等星创天地13家,着力构建农业科技服务、创新创业的综合超市。全省9个国家级农业科技园区聚集企业84家,93个省级园区共引进企业762家,与省内外315家科研单位开展技术合作。成都农业服务创新平台特聘来自高校、科研院所、创投机构、投资基金、行业组织的创业导师24人、农村电商导师团队8人,建成创业团队30多个、宣教中心1个,在猕猴桃、花卉苗木、畜牧养殖、食用菌、蔬菜等多个领域开展创业服务。

三是发挥电商平台市场优势,打通创业产业链条。依托电子商务平台、商务服务中心，青川县双创空间、三台县返乡农民工创业园、北川电商产业港等星创天地8家。以"互联网+生态产业"为核心，以现代供应链电商平台为载体，与线下零售终端建立直接联系，让农村特产直达消费终端，增加商品附加值。青川县双创空间吸引阿里、京东、苏宁等企业和团队入驻31家，建成农村电商服务站53个，初步形成农业、加工业、物流业、流通行业、金融业、电子商务等相关产业融合发展局面。

四是发挥金融主体投资优势，搭建科技金融平台。依托创业孵化企业管理公司、科技投资公司、农业开发集团等金融服务机构，构建广元市万头种山羊示范基地、德阳农业科技创新创业孵化园、荔乡星创等星创天地14家，着力激活主体、搭建载体、加大投入、优化服务、营造环境。德阳农业科技创新创业孵化园举办了德阳创客·旌英汇等大型活动3次，吸引投资、金融机构40多家，成功推荐阳光村镇·阿斗电商等创新、创业项目9个。

五是发挥龙头企业产业优势，促进产业集中集聚。依托国、省产业化龙头企业，构建四川猕猴桃、青神竹编、洪雅藤椒、普网药博园等特色产业星创天地30余个。蒲江猕猴桃星创天地按100～500亩不等划分地块，引进6家公司、18个人参与田间管理，使他们在本乡本土，依托公司现有基地实现了创业计划；引进4家本地电商参与公司的果品销售，年销售量1000余吨，依托龙头资源实现创业梦。

六是发挥在线平台网络优势，助推精准扶贫脱贫。四川针对贫困地区专家总量不够、知识不够、层级不够、服务时效不够等问题，搭建省市县科技扶贫在线平台星创天地，整合了农业科技专家8090名，建立了覆盖信息员队伍9683名，集成发布农业技术成果信息760条、宏观产业和地方特色产业信息176条，链接电商平台215家，利用"互联网+"为贫困地区创新创业提供全程技术支撑。"四川科技扶贫在线"2016年9月20日运行以来，浏览量近60万次，接受信息咨询2100多条，收到普通农户、各类经营主体和基层科技人员的广泛欢迎，中央组织部进行现场调研，四川电视台、新华网、央广网、人民网、四川新闻在线等媒体都进行了报道。

7.4 我国农村科技创业政策存在的主要问题

中央和地方各级政府不断转变政府职能，充分发挥政府的引导作用，弥补市场失灵，在营造农村大众创业、万众创新市场环境方面取得了众多突破。但是，目前农村"双创"政策还存在一些问题，主要表现在如下方面。

7.4.1 政府直接参与市场行为严重，市场化不足

中央和地方政府都非常重视农村"双创"载体的建设，目前全国各地方政府掀起了一股"政府出资在农村建设创业载体"的热潮，建设的物理载体空间很大，但是利用率不高，产生较大资源浪费。有一些地区把农村建设创业载体数量当作硬指标，通过一些政策优惠手段强行推出一批成长性较差、功能性较低的项目，这只能形成表面的繁荣，难以从实质上促进农村创新创业。此外，政府支持农村"双创"，基本是以政府为主导，发挥财政资金的补助和奖励作用，对农村"双创"人员和团队提供资助，对投资机构提供风险补偿，市场化运作不足。

7.4.2 可操作性差

首先，缺少支撑，机制缺失。科技计划改革后，五大类计划里缺少针对基层服务的计划体系，传统的农业创新与服务体系整体工作受到强力的冲击，农业科技示范推广、科技特派员、农业科技成果的转化等专项缺乏了政策依托机制和工作依存基础，现有的科技成果转化引导专项，并没有照顾到农业区别于其他类成果转化引导计划，服务基层的特殊性。其次，有的政策落地性较差，有的政策执行程序繁杂，传导时间较长；部门之间、部门与地方之间出台的政策缺乏有效衔接和协调联动。例如，《关于深入推行科技特派员制度的若干意见》中，明确鼓励科研人员支持农村科技创业，但在实际操作过程中，由于服务的地点以农村基地为主，公共交通无法通达，单位很少能派车，为了方便工作和节省时间，大部分科技人员只能自驾私家车前去服务。但根据有关规定自驾私家车不能报销相关费用，导致很多科技人员不愿多开展服务，开展服务就要自己贴钱，严重影响科

技人员为农村创业者开展科技服务的积极性。

7.4.3 政策存在缺失

目前,政府在引导社会资金来支持农村"双创"方面存在政策空白。首先表现在金融方面。农村"双创"融资渠道主要有2种:一是天使投资和创业投资等股权投资;二是银行贷款,特别是涉农的政策性银行。从国外经验看,发达国家在促进农村"双创"和农业科技成果转化时,制定政策都是基于同时提供这2种形式的资金,既促进天使投资和创业投资发展提供股权支持,也采用提供担保方式推动银行提供创业贷款,以满足不同创业者的融资需求。当前我国政府对于农业创业投资比较看重,中央和地方设立了引导基金来引导创业投资支持农村"双创",而对于如何利用担保方式来引导银行支持农村创业的政策存在缺失。其次表现在风险补偿方面。我国农民长期形成的遇事观望、害怕露富、小富即安、怕赔老本、怕担风险等多种传统观念和心态,已成为制约人们创业激情的重大障碍。面对创业经济这种风险极高、失败率很大的活动,作为收入不多且胆小怕事的农民来说,风险补偿的缺失,严重地削弱了他们的创业积极性。

7.4.4 农民创业技能的培训不足与不适用

推动农村科技创业,需要创业者具有综合性的技能素质。但对农民群体来说,绝大多数农民是不具备有进行创业的素质,即使是在外闯荡多年的返乡农民工,其在外打工时所学到的技能与知识大都是简单和单一的,仅靠这些技能是难以进行创业活动的。所以,对大多数农村创业者来讲,要想进行创业,还需要补充大量的知识与技能。但目前许多地方,政府对农村创业者的提升政策存在2个方面的缺陷:一是许多县(市)级政府针对农民举办的各类技能培训班,多是侧重于促进农民工转移就业而开展的技能培训,真正专门用于创业的培训缺乏;二是政府用于农村劳动力培训资源,分属多个部门管理与支配,各系统都有自己的培训机构。培训资源的多头化管理,造成了许多地方的培训机构设施落后,培训规模小、培训质量低，各部门培训的内容重复、浅显等，使政府用于这方面的资源不能得到有效综合的利用。而且一些主管培训资源的政府部门，为了本部门利益，在分配培训资源时，会想出许多办法把资源留给本部门的下属，使一些不具有资质的机构，滥竽充数，表面上也是按照严格的认定程式被认定的，而且还是定点培训机构。这些培训机构往往为了获取政府培训补助，便巧立名目，缩减培训内容。尽管有关管理机构也设计了很多制约制度，如培训公示制、现场巡查制、综合评价成果制、培训网路实名制、补贴二审制、检查评估淘汰制等，但由于这些培训机构的近亲性，很难保证这些令人眼花缭乱的制度实施的公正性、有效性。从而造成了对农民创业培训的走过场、形式化现象，不具有实用性，导致真正需要接受培训的人不愿去培训，宁愿花钱请人去参加培训，也不愿耽误外出打工时间。

7.4.5 缺乏典型经验和成果案例的宣传引导

面对农村科技创业这种周期长、风险高、失败率大的活动，作为农村创业者，特别是经济基础薄弱的农民、大学生和返乡农民工来说，如果在一个村子或一个小群体范围内，没有人先进行创业的尝试，并且获得创业成功的话，其他人是绝不敢贸然进行创业行动的。许多人害怕在创业中，把自己在打工中辛苦赚到的钱给赔了。这也是导致目前为什么在农村经济或农业发展中，会发生众多人跟风经营、发展某项农作物、商品或一项活动。就是因为当众多村民看到了某一领域有人涉足经营并获得了成功后，就会有许多人跟进经营与发展，不仅如此，这也是导致目前许多农村劳动力宁肯外出打工，也不愿进行自主创业的重要影响因素。

7.5 对策建议

促进农村科技创业的发展，是推动新农村建设及促进城乡一体化发展的重要动力，目前，农村科技创新创业政策已经基本形成体系，未来需要着重在政策的深入实施和市场化运作方面下功夫，同时补足现有政策的一些短板。

7.5.1 抓好已有政策落实

农村科技创新创业工作是一项长期系统性的工作，需要中央和地方统筹协力，共同推进实施。中央和地方出台的多项支持农村科技创新创业的政策，需要尽快深入落实，同时根据实际情况调整政策中相悖的地方，形成财政、金融、税收等各方面政策的合力，推动农村科技创新创业在全国的持续、有效开展。例如，在市场准入上，推动落实设立注册登记"绿色通道"政策。在金融上，推动落实农村承包土地的经营权及农业设施、机具抵押贷款试点等政策。在财政上，推动落实将农村创业人员纳入已有财政支农政策扶持主体范围，将其开展的农业适度规模经营所需贷款纳入担保体系支持范围的政策。在用地上，推动落实鼓励农村创业人员使用农村集体土地发展农业产业，使用集体建设用地开展创新创业，依托自有和闲置农房院落发展"农家乐"，允许和当地农民合作利用宅基地改建自住房等政策。

此外，未来政策还需要进一步破除阻碍农村创新创业的传统思维模式，推出一系列改革举措在各类示范区、可持续发展试验区开展先行先试；将成熟的政策以法律形式固定，提高激励措施的执行力度。同时，对基层政府部门及工作人员制定科学的政绩考核指标，在已有的基础上，明确各部门及各执行人员在相关政策落实上的职责，实施目标管理和责任制，并重点增加一些群众对政府所提供的各项服务满意度的指标，形成一套科学的考核公务员政绩的指标体系，制定有效的奖惩办法，从而促使政府部门及公务人员能真正为创业者提供良好的服务和帮助，确保政府已出台的政策能得到有效的落实，发挥应有的作用。

7.5.2 明确政府市场边界

中国的市场经济发展已经进入了一个全新的阶段，市场配置资源决定性作用不容忽视。农村科技创新创业的主体是创业者和企业家，因此，其发展应该是以市场方式为主，政府在支持农村创新创业过程中需要明确定位，防止过度干预，着力引导市场健康发展，通过营造竞争市场环境、制定准人标准为核心，弥补市场失灵，进一步培育市场主体竞争意识，建设健康有序的市场经济。

第一，在职能方面，政府应真正找准自己在农村科技创业中的位置，减少对企业生产经营的干预、简化项目审批手续等。完善保障制度和医疗卫生制度的建立、公共事业和基础设施的建设及市场经济秩序的监管等。第二，在与经济基础的关系方面，上层建筑过于庞大，机构过于臃肿、吃财政饭的行政事业人员过多、财政负担过重等，导致政府将该管的事很多都放弃或失管了。第三，在市场公平性方面，从规则的制定、市场秩序的维护、市场机制的建立等方面，要改变"人治"状态，真正按照市场经济规律和法制原则进行。所出台的制度、法规和政策等，要适应市场经济要求，适应经济发展需要，使市场经济主体真正发挥作用。

7.5.3 弥补现有政策空白

在金融政策方面，一方面，中央政府应该尽快出台引导银行和创业投资支持农村科技创新创业的政策，提高创业者在债券和股权市场资金的易得性。制定利用担保来推动银行贷款支持创业的政策，中央财政设立担保资金，并和地方合作形成共担风险的体系，鼓励银行贷款支持农村科技创新创业；出台鼓励天使投资，创业投资，支持创新创业的税收相关政策。例如，美国每年仅农场贷款额就达到2170亿美元，其中政府提供免税扶持的农村信贷系统贷款占32%，农业部和州政府机构贷款占4%，政府担保贷款占4%，商业银行、保险公司及私人机构贷款占60%，能够有效满足农场农业生产经营的融资需求。另一方面，应完善农村创业保险体系。对于农村创业者来说，传统的保险不具有针对性，其品种的繁多、保费的高昂使得保险意识淡薄的返乡农民工、大学生、乡土人才往往直接忽略保险。因此，建立针对这类农村创业人群的保险体系成为必要。该体系建立的主体思路是，从保险品种中划定出若干品种，如财产险、人身意外险等作为创业必需的一揽子保险产品，按照"政府财政补助＋保险公司优惠＋农民工自主购买"的原则将创业纳入保险体系。此外，政府要选择恰当的方式将创业农民工纳入教育、医疗等公共服务体系,减少农民工的创业后顾之忧,最终形成以创业保险为主、公共服务体系为辅的农民返乡创业保险体系。

在农村创业者培训政策方面,引导教育培训机构针对创新创业农民的特点和需求开展培训培育,利用现有培训资源网络、远程传输、远程教育服务平台和培训机构,对正在创业及具备创新创业潜力的农民开展培训指导。依托职业技能培训鉴定机构、农村实用人才带头人培训基地、农广校远程教育网络等平台,结合新型职业农民培训项目,大力开展多种多样的农民创新创业培训。加强整合农业培训机构资源,将农民创业培训作为重要内容纳入农民教育培训整体工作中去。要确认一批实训基地,制定相应的标准和条件,建设农民创新创业实训基地,为创新创业农民提供必要的见习、实习和实训服务。

7.5.4 建立农村科技创业领头人制度

针对我国农民中普遍存在遇事观望心态,特别是在进行风险极大的创业活动担心多的心态。政府需要发掘、培养和宣传创业带头人,通过创业带头人的作用,通过他们创业榜样的感召力,打消众人心中对创业畏惧害怕情绪,激发更多的人走上创业之道;同时通过创业带头人的言传身教,培养和提高更多人的创业能力。把这些人培养成为创业的领军人,来组织众多创业者,形成创业合力,扩大经营规模,提高整体的创业竞争力,抵御创业风险。具体的做法可以是,各地政府通过调查走访,在农村创业的群体中寻找一些知识水平较高、眼界开阔、懂得经营之道,并愿意带领大家创业致富的人,通过重点培训、引导和扶持,让其先进行创业,然后通过这些人的创业实践,来带动村里更多的人进行自主创业。如果每个村都扶持培养几个至十几个人,这些人一旦创业成功后,通过他们的带动作用,就能推动整个村创业活动上升到一个新水平。

参考文献

[1] 白金龙,马尚平.互联网背景下的个人农业创业发展思路探析[J].农村经济与科技,2016,27(1):154-156.

[2] 陈福香."邮轮+"背景下的产业链发展[J].中国港口,2016(8):17-19.

[3] 杜海琴.农民工返乡创业政策优化路径研究[D].南昌:南昌大学,2015.

[4] 俸晓锦.创业视角下民族地区农村经济共享式发展研究——以广西为例[D].合肥:合肥工业大学,2015.

[5] 冯兴元.温州市苍南县农村中小企业融资调查报告[J].管理世界,2004(9):53-66.

[6] 韩长赋.让农村创新创业蔚然成风[N].农民日报,2016-12-31.

[7] 傅晋华,王雅利.我国科技特派员农村科技创业机制研究[J].中国科技论坛,2012(7):137-141.

[8] 高杰.中国私募股权投资基金:现状、问题与对策建议[J].福建论坛:人文社会科学版,2012(3):39-42.

[9] 郭永秀,李建民,齐艳霞.我国现行农民创业教育问题与对策研究[J].河北农业大学学报:农林教育版,2007,9(2):108-112.

[10] 黄承伟,覃志敏.贫困地区统筹城乡发展与产业化扶贫机制创新——基于重庆市农民创业园产业化扶贫案例的分析[J].农业经济问题,2013(5):51-55.

[11] 黄慧子.大学生创新创业激励机制研究[D].合肥:安徽大学,2014.

[12] 姜长云.关于发展农业生产性服务业的思考[J].农业经济问题,2016(5):8-15.

[13] 简小鹰.我国科技特派员制度与农村科技体制改革[J].科学管理研究,2005,23(3):53-58.

[14] 刘美玉,陈晓红,辛松林.创业路径的理论模型——基于新生代农民工创业者的多案例研究[J].财经问题研究,2015(3):96-103.

[15] 刘唐宇. 中部欠发达地区农民工回乡创业影响因素研究——以江西赣州地区为例[D]. 福州：福建农林大学，2010.

[16] 李启秀. 贫困地区农民创业教育问题的研究[D]. 长沙：湖南农业大学，2012.

[17] 李凯. 新生代农民工创业路径的案例研究[D]. 大连：东北财经大学，2012.

[18] 宋成程. 调节焦点、先验知识对创业机会识别的影响机制研究[D]. 杭州：浙江大学，2016.

[19] 汪向东. 互联网背景下，农村科技创业[J]. 中国农村科技，2014（8）：28-29.

[20] 汪向东. "新农人"与新农人现象[J]. 新农业，2014（2）：18-20.

[21] 汪向东. 落地服务体系是农村电商发展关键——对当前农村电商发展新进展、新趋势的思考[J]. 黑龙江粮食，2016（8）：47-48.

[22] 汪博文. 基于低碳理念的绿色邮轮港发展[D]. 上海：上海工程技术大学：2015.

[23] 王武强. "互联网+"与现代农业[J]. 中国农村科技，2016（10）：8.

[24] 王勇德，尹希果. 重庆市农业星创天地可持续发展机制与模式探索[J]. 中国农村科技，2016（7）：48-53.

[25] 王晓勇，张春勋. 基于结构化视角的农民工返乡创业研究——以重庆为例[D]. 重庆：重庆大学，2012.

[26] 翁翘. 关于下派科技特派员的实践与思考[J]. 中国科技论坛，2001（5）：52-54.

[27] 宋川. 共青团服务青年就业创业路径的研究[D]. 济南：山东大学，2015.

[28] 宋克勤. 创业成功学[M]. 北京：经济管理出版社，2002。

[29] 龙海军. 贫困地区企业家非合规创业行为研究——企业家政治关系资本视角[J]. 技术经济与管理研究，2016（11）：48-52.

[30] 刘志民，崔玉亭. 农业高新技术：属性、分类与产业化途径[J]. 中国科技论坛，2005（1）：106-109.

[31] 林强，姜彦福，张建. 创业理论及其架构分析[J]. 经济研究，2001（9）：85-94.

[32] 宁亮. 促进创业活动的政府行为研究[D]. 南昌：江西财经大学，2009.

[33] 潘安成，李鹏飞. 交情行为与创业机会：给予农业创业的多案例研究[J]. 管理科学，2014（4）：59-75.

[34] 田宇，卢芬芬，张怀英. 中国贫困地区情境下的包容性商业模式构建机制：基于

武陵山片区的多案例研究[J].管理学报,2016,13(2):184-194.

[35] 田佳冰.农业科技创业企业深度融入农业现代化进程的路径设计[D].重庆:西南大学,2014.

[36] 汤勇.资源视角下创业网络形成机制研究[D].长沙:中南大学,2014.

[37] 夏英,王震.农村科技特派员推广服务体系与传播机制分析[J].农业经济问题,2011(3):31-34.

[38] 谢晴.农村科技创业广阔天地大有作为[J].中国农村科技,2014(6):24-29.

[39] 杨学儒,李新春.地缘近似性、先前经验与农业创业成长[J].学术研究,2013(7):64-69.

[40] 姚琼.农业科技企业技术创新与绩效研究[M].北京:科学出版社,2015.

[41] 严莉.科技特派员创业行为及影响因素分析[D].成都:四川农业大学,2013.

[42] 李志能,郁义鸿,罗伯特·D·希斯瑞克.创业学[M].上海:复旦大学出版社,2000.

[43] 赵庆惠.农业高新技术企业核心竞争力[M].北京:中国农业科学技术出版社,2008.

[44] 战勇.农业企业管理的困境与对策研究[J].农业经济,2012(8):84-85.

[45] 袁学国.大力推进农村"互联网+"行动[J].中国农村科技,2015(7):4-4.

[46] 张晴丹.订单农业模式遍地开花[J].农村·农业·农民:B版,2016(9):7-8.

[47] 张婧.阿里巴巴农村淘宝战略研究[D].郑州:郑州大学,2016.

[48] 张社梅.浙江省科技特派员农村科技创业推进中的困境及解困路径分析[J].农业经济问题,2012(3):57-62.

[49] 郑风田,孙谨.从生存到发展——论我国失地农民创业支持体系的构建经[J].经济学家,2016(1):54-61.

[50] 朱雯.农村微型企业网络创业问题浅析[J].现代农村科技,2016(19):4-6.

[51] 翟浩淼,陈宗霞,张卫国.科技创业农户初始创业资本对创业意愿的影响研究——来自川渝381个样本农户的调查[J].科研管理,2016,37(9):98-104.

[52] 《中国农村科技》编辑部.互联网时代,农村科技创业大有可为[J].中国农村科技,2014(8):24-27.